大学生创新创业教育路径探究

张晓华 著

北京航空航天大学出版社

内容简介

本书充分吸收和借鉴国内外大学生创新创业教育方面的理论和经验,根据我国大学生人才培养的特点,对大学生创新与创业基础理论、创业形势、创业机会、创业资源和融资、新企业的创办和管理等内容进行了阐述。

本书融知识性、趣味性和实用性于一体,既可作为高等院校大学生创新创业教育的参考用书,也可作为青年创业者的参考读物。

图书在版编目(CIP)数据

大学生创新创业教育路径探究 / 张晓华著. -- 北京:北京航空航天大学出版社,2020.12
 ISBN 978-7-5124-3392-2

Ⅰ.①大… Ⅱ.①张… Ⅲ.①大学生—创业—研究 Ⅳ.①G647.38

中国版本图书馆 CIP 数据核字(2020)第 221467 号

版权所有,侵权必究。

大学生创新创业教育路径探究
张晓华 著
责任编辑 董宜斌 王红樱
*
北京航空航天大学出版社出版发行

北京市海淀区学院路 37 号(邮编:100191) http://www.buaapress.com.cn
发行部电话:(010)82317024 传真:(010)82328026
读者信箱:copyrights@buaacm.com.cn 邮购电话:(010)82316936
北京九州迅驰传媒文化有限公司印装 各地书店经销
*
开本:787×1092 1/16 印张:7.75 字数:198 千字
2020 年 12 月第 1 版 2020 年 12 月第 1 次印刷
ISBN 978-7-5124-3392-2 定价:68.00 元

若本书有倒页、脱页、缺页等印装质量问题,请与本社发行部联系调换。联系电话:(010)82317024

前言

诞生于美国、传播于全球的创新创业教育是我国高等教育改革的必然趋势。就业是民生之本,创业是就业之源、发展之基。大学生是国家精心培养的高素质人才,是国家建设的重要战略资源,是潜在创业能力最强的群体。加强大学生的创新创业教育旨在不断强化他们的创新意识,培养他们的创业精神,增强他们的创新创业实践能力,以满足经济社会对复合型创新人才的需求。

2015年6月,国务院颁布的《关于大力推进大众创业万众创新若干政策措施的意见》明确指出:"推进大众创业、万众创新,是培育和催生经济社会发展新动力的必然选择""是扩大就业、实现富民之道的根本举措","是激发全社会创新潜能和创业活力的有效途径"。"大众创业、万众创新"的新常态更是要求我们重新审视创新创业教育的时代内涵,加强创新创业教育的理论创新与实践探索。

当代大学生肩负着继承和发展民族大业的重要使命,大学生创新创业能力的培养关乎时代发展和社会走向。本书根据当前高校创新创业教育的实际情况,结合大学生实际特点,帮助大学生增强创新意识,提升创业能力,在创新中成长,在创业中实现人生价值。

本书内容共分为六章,第一章为创新与创业基础理论;第二章为大学生创业形势分析;第三章为面向创新的创业机会发现与评估;第四章为创业资源和融资;第五章为新企业的创办与管理;第六章为大学生创新创业实例。本书理论教学与实践训练并重,通过案例和拓展阅读强化理论教学的效果,内容更贴近学生生活,更容易让学生接受,切实提高学生创新创业的能力。

本书参考了部分文献资料,在此谨向所有文献的作者表示由衷的感谢!由于作者水平有限,加上时间仓促,书中难免有疏漏或不足之处,敬请各读者批评指正。

作　者

2020年1月

目 录

第一章 创新与创业基础理论 … 1
- 第一节 创新的概念 … 1
- 第二节 创新思维训练 … 6
- 第三节 创新与创业的关系 … 11

第二章 大学生创业形势分析 … 23
- 第一节 大学生创业环境 … 24
- 第二节 大学生创业方法与途径 … 33

第三章 面向创新的创业机会发现与评估 … 39
- 第一节 寻找创业机会 … 39
- 第二节 创业项目的选取和评估 … 51

第四章 创业资源和融资 … 65
- 第一节 创业资源整合 … 65
- 第二节 大学生创业的融资方式 … 72

第五章 新企业的设置与管理 … 78
- 第一节 新创企业的类型 … 78
- 第二节 新创企业组织形式的选择 … 82
- 第三节 新创企业设立的流程 … 84
- 第四节 新创企业的管理 … 88

第六章 大学生创新创业实例 … 97
- 第一节 "菁婴教育"创业策划方案 … 97
- 第二节 微观世界创业计划书 … 106

参考文献 … 117

第一章 创新与创业基础理论

案例导入:创业艰难路

1999年大学毕业后,俞永福先是南下深圳进入证券行业。3年后,他作为创业员工加盟联想投资,负责电信、新媒体、互联网、移动互联网等领域的投资工作,因为业绩卓越,他在6年的时间内迅速从投资经理提升为副总裁。

不过俞永福内心并不想总坐在"副驾驶"的位子上,希望有朝一日亲自体验"驾驶"的感觉。"做了5年多的风险投资,在岸上看了那么多创业公司的起起伏伏,自己心里也想趁着年轻跳下去折腾一把。"

俞永福回想自己当年的不安分,至今还有些激动。当时俞永福很看好移动互联网,正帮助UC优视的两位创始人梁捷和何小鹏争取联想投资100万美元的投资。不过,2006年11月20日,这项投资在联想投资的决策会议上以一票的差距失败。

俞永福把这消息告诉给梁捷和何小鹏时,两人半天没说话。"永福,你愿不愿意加入我们一起干?"突然,何小鹏抬起了头认真地问俞永福。"我当时很意外,同时也很惊喜,因为可能我有新的创业机会了,我有一种发自内心的高兴和释然。"于是,俞永福当场就点头答应了。

"我这个投资人脱掉了西装真正第一次下水游泳。"俞永福说,以前做投资人的时候,永远是站在岸上看别人游,真正自己带领团队的时候才发现一大堆的难题摆在他的面前。

作为优秀的团队带头人,俞永福成功领导了UC优视公司在业务模式、公司管理、团队建设和资本运作层面的变革,使得公司的战略规划、企业管理、人才队伍建设、市场经营等方面都取得了长足进步。在他的推动下,UC优势公司继2007年获得晨兴投资、联创策源的投资后,又于2009年6月再度获得阿里巴巴集团、晨兴投资、联创策源三家机构的战备投资,为UC进一步保持在移动互联网市场的领导地位奠定了基础。

第一节 创新的概念

一、创新的概念

在英文中,创新一词起源于拉丁语。它原意有三层含义:①更新;②创造新的东西;③改变。在社会学中,创新是指人们为了发展需要,运用已知的信息和条件,突破常规,发现或产生某种新颖、独特的有价值的新事物、新思想的活动。创新的本质是突破,即突破旧的思维定式、旧的常规戒律。

创新是以新思维、新发明和新描述为特征的过程。其中,世界著名教育管理机构,如英国高等教育质量保证署从教育学的角度,从实物层面拓展到思维层面,将创新定义为"创造性思维和新事物、新方法以及在实践中的应用,它将创意的产生过程和采用表达、沟通与行动的方式来解决难题的过程有机结合起来"。

由此可知,创新是人类特有的认识能力和实践能力,创新不仅包含新事物、新方法等实践层面的创造,也是人类主观能动性的高级表现形式,包含了创意等思维层面的创造;创新教育不仅涵盖了实物层面的技能培养,也涵盖了创意等思维过程的培育。

在经济学上,创新的概念起源于美籍奥地利经济学家约瑟夫·熊彼特1912年出版的《经济发展理论》一书。在熊彼特的创新理论中,"创新"不是一个技术概念,而是一个经济概念;它严格区别于技术发明,把现成的技术革新引入经济组织,形成新的经济能力。创新是发明的首次商品化。在发明未被转化为创新之前,它只是一个新观念、新设想。发明不一定导致创新,但创新的前身大多是发明。在熊彼特看来,经济中存在着潜在利润,但并非人人都能看到,更不是人人都能得到。他把"新组合"的实现称为企业,把以实现"新组合"为基本职能的人称为企业家。企业家不再是一般意义上的资本家,而是从事创新活动的创新者。

在一段时期内,某家企业可能是唯一通过创新获得战略优势的企业,所以该企业家可以预计挣很多钱,产生"垄断利润"。面对这种情况,其他的企业家无疑会非常努力地模仿他,使得"垄断利润"逐渐削弱直至最终达到平衡。至此,企业家们开始新一轮的创新循环,寻找摧毁旧规则的同时建立新规则的创新点。熊彼特认为,创新是一种"创造性破坏"的过程,企业之间的竞争不是价格的竞争,而是产品的竞争;也就是说不是马车与马车之间的竞争,而是汽车与马车之间的竞争。这种竞争不仅会侵蚀企业的利润,而且会动摇企业生存的根基。

创新活动是一个包括不同关键阶段的长期过程。任何片面、孤立的理解和管理,都将使创新活动跌入不必要的陷阱中。如表1-1所列为常见的不完备创新模型所带来的问题,它可以提示我们应该如何谨慎的思考和管理创新活动。

表1-1 不完备的创新模型带来的问题

如果创新仅被看成	结果是
研发能力	技术不能满足用户需求,不能被用户接受
在研发实验室中穿白大褂的专家	缺乏其他人的参与,缺乏其他视角的知识和经验
满足客户需求	缺乏技术进步,导致无法获得竞争优势
技术进步	生产的产品不能满足市场需要或者设计的流程、不能满足用户要求
大公司主导	弱小的公司过于依赖大公司
突破性的变化	忽略渐进性创新的潜力,同时难以确保从突破性创新中获得收益
与关键的个体有关	不能利用员工中的创造力为创新提供新视角和投入
内部产生	出现"不是这里发明"效应,外部的好想法被抵制或抛弃
外部产生	创新成为简单满足外部要求的事情,缺乏内部学习和技术能力的构建

市场经济中,技术的发明者、最早的商业开发者和最大的获利者往往不是同一家企业。如计算机图形界面技术,发明者是施乐公司,最早的商业开发者是苹果公司,而最大的获利者是微软公司。托马斯·爱迪生,因发明留声机、电影摄影机、电力系统、改进了的电灯,而对人类文明产生了极大的影响。他一生拥有2 000多项发明,1 000多项专利,但他比任何人都清楚,仅有发明并不足以保证其被大范围的接受和使用。因此,他于1878年创立了爱迪生电灯公司。1892年爱迪生电灯公司和汤姆森·休斯敦电气公司合并成立了通用电气公司。经过百余年的发展,如今的通用电气公司已成为世界上最大的提供技术和服务业务的跨国公司,业务遍布100多个国家。在《2017年BmndZ最具价值全球品牌100强》中,通用电气公司排名第19位。

二、创新的类型

(一) 技术创新

(1) 基本内涵。技术创新是指与新产品的制造、新工艺过程或设备的首次商业应用有关的技术、设计、制造及商业的活动。它包括产品创新、流程创新和技术扩散。

产品创新是指技术上有变化的产品的商业化。它可以是完全新的产品,也可以是对现有产品的改进如图1-1所示。

图1-1 适用于产品/服务的创新

流程创新,也叫做工艺创新,是指一个产品的生产技术的重大变革,它包括新工艺、新设备、新的管理和组织方法如表1-2所列。

表1-2 适用于流程的创新

重要的新流程	管理系统 服务传递系统
次要的创新流程	生产方式 融资方式
对现有流程的显著改善	市场营销或销售渠道 采购技术
对现有流程的改善	补偿方式 供应链管理技术 分销方式 员工培训项目/定价方法 信息管理系统 客户支持计划 物流方法 雇佣方式

技术扩散,是指创新通过市场或非市场的渠道进行的传播。没有扩散,创新便不可能有经济影响。

(2)技术创新的 SPRU 分类。英国苏塞克斯大学的科学政策研究所(Science Policy Research Unit,简称 SPRU)在 20 世纪 80 年代提出了一种基于重要性的创新分类,对业界产生了较大的影响。

① 渐进性创新。这种类型的创新是一种连续性的、不间断的、累积性的小创新,简而言之就是"做得更好"。如从小规模集成电路到中规模集成电路,再到大规模集成电路乃至超大规模集成电路。渐进性创新在技术原理上没有重大变化,但聚集起来可以产生巨大的累积性效果。如计算机存储能力的增加,外围设备的标准化等。每一个创新都微不足道,但它们的集合使计算机产生整体大于部分之和的效果。在现实的创新活动中,企业主要从事的是渐进性创新。

② 突破性创新。这种类型的创新是一种非连续性的、根本性的、带动性的创新,简而言之就是"做得与众不同"。突破性创新往往与科学上的重大发现相联系,是研发部门精心作用的结果,它通常会导致产品创新、流程创新和组织创新的连锁反应,可在一段时间内引致产业结构的变化。如美国杜邦公司发明的尼龙开启了高分子材料的时代。贝尔实验室的三位科学家巴丁、布莱顿和潇克利于 1947 年发现了半导体的放大作用,制成放大倍数 100 量级的晶体管放大器,迅速替代电子管,开创了人类的硅文明时代。突破性创新后续常常伴随着持续性的改进和拓展,促使技术突破走进使用阶段。

③ 技术系统的变革。这种创新将产生具有深远意义的变革,影响经济的几个部门,伴随新兴产业的出现。这时,不但有突破性、渐进性的创新,还会有技术上有关联的创新群的出现,如石化创新、化纤材料创新群等。

④ 技术—经济范式的变革。这种创新伴随着许多根本性的创新,同时包含有许多技术系统的变革。它几乎影响到经济的每一个部门,并改变人们的常识。技术—经济范式的演替要经过痛苦的结构调整方能实现,经济也随之出现繁荣萧条的波动。创新与模仿,模仿是指企业通过逆向工程等手段,仿制生产创新者的产品。由于一个创新商品并不能瞬时占领市场,以及缺乏有效的产权保护手段,模仿者很容易进入市场。有时,模仿者能比创新者占领更多的市场。日本企业被认为是世界上最好的模仿者。如录像机是美国公司的创新,但日本公司通过模仿掌握这项技术后,通过改进产品极大地提高其性能。最终,以松下为代表的日本录像机占领了世界市场。

熊彼特并不赞同模仿,但人们逐渐发现模仿是创新传播的一种重要形式。模仿不只是简单的仿制,它包含着渐进的创新,对原设计的不断改进。中小企业因其经营环境及自身能力的制约,常常陷入需要创新以推进企业发展却又难以承担创新风险与投入的两难困境,模仿创新对其来说是一种比较适合的技术创新的战略选择。例如,腾讯公司的即时通信软件 QQ 最初命名为 OICQ(OpeningICQ),就是模仿一款国际聊天工具 ICQ(Iseekyou)开发的。模仿的优势在于可以为企业节约大量研发及市场培育方面的费用,降低投资风险,回避开拓市场的风险;但从事模仿的企业在技术上会受制于人,而且新技术并不总是很容易被模仿。

(3)创新与 R&D。研究与实验开发(Researchand Experimental Development,简称 R&D)一般包括三种活动:基础研究、应用研究和实验开发。它是创新的前期阶段、创新的投入、创新成功的物质和科学基础。其中,基础研究是指增进知识的活动,这一活动并不以直接的新产品或新工艺的应用为目的,又可以分为科学研究和通用技术研究。从事科学研究的通常是大学或国家研究机构,从事通用技术研究的通常是企业,期望通过此类基础研究获得新产品的思想和原理。应用研究是指直接以发现新技术为目的的研究活动。它基于基础研究的成果,致力于发明的商业化开发。开发是指直接进行发明和研究成果商业化的活动。如果说应用研究可以产生新产品的原型的话,则开发是将原型进行物质实现并进行检测和完善。总体来说 R&D 有助于创新,但有 R&D 并不一定会有创新,创新也并非一定要有 R&D。

(二) 非技术的创新

随着技术的不断发展和企业竞争的日趋激烈,新的创新形式不断涌现。进入 20 世纪后期,在西方发达国家,非技术的创新在经济发展中的地位越来越突出。这些非技术的创新形式包括管理创新、服务创新、商业模式创新、供应链创新等。如日本丰田公司的精益生产管理、全面质量管理都是典型的非技术的管理创新,对企业提升核心竞争力起着重要作用。

在这些非技术的创新形式中,与创业最相关的是商业模式的创新。商业模式受到广泛关注并非偶然现象,有其内在的历史必然性。自从有了商业行为就产生了商业模式。特别是 20 世纪后期以来,跨国采购、虚拟经营、连锁特许等新的交易方式层出不穷,企业竞争力的强弱越来越多地体现在其是否拥有良好的商业模式上。随着全球化的深入和互联网的发展,对于相当多的行业或企业来说,"怎么干"比"干什么"更重要,商业模式比发展战略更重要。商业模式最为关注的不是交易的内容,而是交易的方式。

戴尔电脑公司是商业模式创新的范例,在制造企业传统的商业模式中,面对大量的顾客需求,企业一般采用的是大规模生产产品,然后通过分销渠道出售给客户的方法。这样很容易出现产品生产与顾客需求脱节的情况。既不能及时适应顾客需求的变化,也无法满足顾客的个性化需求。而戴尔公司在创业之初就使用了独特的商业模式——直销。这种销售方式不通过分销商,而是直接接受顾客的订单,与客户建立联系,迅速准确地了解客户的需求,使企业能制造出满足终端客户个性化需求的产品,如图 1-2 所示。

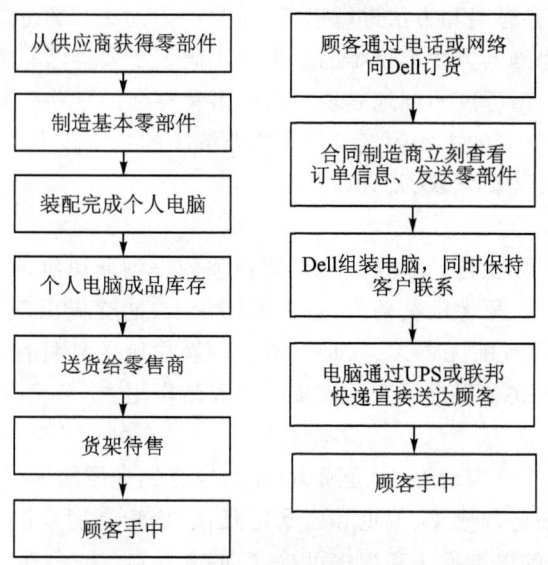

图 1-2 戴尔公司与传统 PC 制造企业的商业模式比较

第二节　创新思维训练

一、创新思维的定义

思维可以分为传统思维和创新思维两类。传统思维是人类经常性的、以经验为主的程序化的思考。而创新思维是相对于传统思维而言的一种思维方式,是思维的一种智力品质。创新思维是指在传统思维的基础之上,通过发挥大脑的能动作用,以具有超前性和预测能力的新的认知模式来把握事物发展的内在本质及规律,对事物间的联系进行前所未有的思考,探索观察、分析和解决问题的新方法、新途径的思维过程。

从狭义上讲,创新思维是一种开拓人类认识新领域,开创人类认识新成果、具有较大社会意义的高级思维活动,它往往表现为发明新技术,形成新观念,提出新方案和决策,创建新理论。因此,只有少数人具有狭义上的创新思维。从广义上讲,创新思维可以表现为实现完整的新发现和新发明的思维过程,也可以表现为在思考的方法和技巧上,在某些结论和见解上具有新奇独到之处。这种情况广泛存在于科学史上的重大发明之中,存在于政治、军事决策和生产、教育、艺术之中。因此,每个正常人都可能具有广义上的创新思维,突破原有的框架,想别人所未想、做别人所未做的事。

二、创新思维的特征

创新思维区别于传统思维,它是通过发挥人脑的能动作用,对外部客观世界的信息以崭新的思考方式进行有意识或无意识、直接或间接的再加工处理的一个思维过程。创新思维具有以下几个特征。

（一）开拓性

传统思维是遵循现存思路和方法进行思考,重复前人过去已经进行的思维过程。而创新思维在思路的探索上、思维的方法和思维的结论上不满足于人类已有的知识和经验,往往是对现有物质形态的一种否定,程度不同地表现出与旧事物存在的某些差异,努力通过新的思维方式探索客观世界中尚未认识的事物的规律。它所要解决的是实践中不断出现的新情况和新问题,为人们的实践活动开辟新领域、新天地。

（二）独特性

要有创新性,就要有独特性。求异、求新、新颖独创是创新思维的本质特征。创新思维的独特性在于思路的选择上、思考的技巧上、思维的结论上,能够提出新的观点,探寻新的发现,与其他人有明显不同,并且前无古人、独具一格。创新思维的独特性能使知识和理论得到更新,对改变人类的生活方式和促进社会的进步起到深刻作用。

（三）灵活性

创新思维的灵活性主要表现为：①变通力,能适应变化多端的现实情况；②摆脱惯性,不以僵化的方式看问题,突破各种成见、偏见和思维定式；③依赖高度发展的观察力和良好的注意力。创新思维并无现成的思维方法和程序可寻,它的方式、方法、程序、途径等都没有固定的框架,是多方向发散和立体的。而传统思维习惯于按照固有思路和方法进行思维活动,虽然符合"最省力原理",但"再现"多于"创造","仿效"多于"结合",其思维缺乏灵活性,缺乏深度和广度。

（四）风险性

创新思维的显著特点：一是"创"；二是"新"；以"创"促"新"；以"新"带"创"。它坚信"发展就要变,不变就不会发展"的硬道理,其核心是在发展上求创新、求突破,而不是原来事物的再现重复,它是在探索中发现和解决问题的。

创新思维并不能每次都能取得成功,甚至可能毫无成效或者得出错误的结论。创新思维的风险性还表现在它会对传统势力（权威）产生冲击,而传统势力（权威）一般都会竭力维护自己的存在,并在相当程度上抵制创新思维活动的成果。

（五）突变性

在创新思维的过程中,新思路、新设想的产生通常带有突变性。有时候,当人们的思考达到某种极限的时候,常常会在突然之间豁然开朗、思如泉涌、突发奇想,使久思不得其解的问题在瞬间就能找到答案。这样的现象也被称为"灵感降临""灵光一现"。创新思维的机理是突变论,它表现出一种非逻辑的特征,是对原有极限的突破,催使新生事物的产生。当然,突变性是创新者长期观察、研究、思考的结果,是创新思维活动过程的产物。这种思想火花的爆发没有固定的时间,带有极大的随机性。

（六）综合性

创新思维是指由多种因素、多种思维形式参与结合在一起的综合性思维活动。其中,多种因素主要包括知识因素、智力因素、实际能力因素、个性因素以及身体因素等,而多种思维形式则主要包括想象、联想、比较和概括等。把事物的各个侧面、部分和属性等有机地综合成一个新的整体来进行观察和思考,常常容易发现事物之间的内在联系,发现事物之间在某些方面存在某些重要的关系,从而做出重大的创造。

三、创新方法

（一）头脑风暴法

(1) 头脑风暴法的内涵。头脑风暴法又称智力激励法、自由思考法或诸葛亮会议法,通常是指一群人开动脑筋,进行自由的、创造性的思考与联想,各抒己见,在短暂的时间内提出解决问题的大量构想的一种方法。它是当今最负盛名、最具实用性的一种发挥集体创造精神解决问题的方法。

头脑风暴的原意是"突发性的精神错乱",用来表示精神病患者处于大脑失常的状态。精神病患者最大的特征是在发病时无视他人的存在,言语与肢体行为随心所欲。这虽然不合乎社会行为的礼仪规范,但是从启发思考与引导创造的视角来看,它摆脱了世俗与旧观念的束缚,能够无拘无束地涌现出期望的构想。为此,美国创造学家奥斯本借用头脑风暴的喻义,于1939年首次提出头脑风暴法。从形式上来看,头脑风暴法是将少数人召集在一起以会议的形式,对某一问题进行自由的思考和联想,同时提出各自的设想,与会者可以在没有任何约束的情况下发表个人的想法,提出自己的创意。

头脑风暴法之所以会产生大量的创意,主要是因为：①在轻松、融洽的气氛中,每个人都能敞开想象,自由联想,各抒己见。②每个人的创意都会引起他人的联想,引起连锁反应,互相激励、互相启发,形成有利于解决问题的多种创意。③会议讨论更能激发人的热情,激活思维,开阔思路,有益于突破思维定式和旧观念的束缚,激起竞争意识,争强好胜的天性会积极开动脑筋,发表独到见解和新奇观念。

(2)头脑风暴法的基本规则。在使用头脑风暴法解决问题时,为了减少群体内的社交抑制因素,激励新想法的产生,提高群体的创造力,必须遵守以下基本规则:

① 暂缓评价。在头脑风暴会议上,会议主持人和会议参与者对各种意见、方案的准确与否不要当场做出评价,更不能当场提出批评或指责。对现有观点的批评不仅会占用宝贵的时间和脑力资源,而且容易人人自危,发言更加谨慎保守,进而遏制新观点的诞生。由于所有的想法都有成为好观点、好方法的可能或者能够启发他人产生新想法,所以会议参与者的重点在于对想法进行丰富和拓展。延迟评判的策略有助于参与者提出更多的想法。

② 追求数量。讨论的目标是创意的数量"越多越好",质量是需要的,但数量更重要。如果单纯追求观点的质量,则容易拘泥于一个有创意的观点,不免吹毛求疵,导致大部分的时间用在这个观点的完善上,而忽视了其他观点及思路开发的可能性。

③ 鼓励新想法。重复和模仿是头脑风暴法致命的障碍,思维在重复下会变得越来越懒散。要尽量将他人和自己的看法进行比较、融合,由此产生新的思维成果,更好地体现集体智慧。

(3)头脑风暴法会议成员要求。

① 对会议人数的要求。奥斯本认为,会议的参加人数以5~10人为宜,包含主持人和记录员在内以6~7人为最佳。会议人数的多少取决于主持人风格和成员情况。会议人数太多或太少,效果都不太理想;人数过多会使某些人没有畅所欲言的机会,人数过少时则会场面冷清,影响参与者的热情。参与者最好职位相当,对所要解决的问题都感兴趣,但不必都是同行。

② 对会议中专家的要求。对会议中专家的要求主要有以下两点:

- 要限制专家的比例。在进行头脑风暴的过程中,如果专家太多,就很难做到暂缓评价,权威在场必定会对与会者产生威慑作用,给与会者的心理造成压力,难以形成自由发言的氛围。然而,在实践中,头脑风暴会议的参加者往往都是从各个部门汇集而来的各专业领域的专家里手。在这种情况下,无论主持人还是参加者,都应注意不要从专业角度发表评论,否则会引起争议,打破暂缓评价的局面,产生不良效果。
- 要严格限制专家的人选,以便参加者将注意力集中于所要讨论的问题。

③ 对会议主持人的要求。只有主持人对整个头脑风暴过程进行适度的控制和协调,才能减少头脑风暴的抑制因素,激励新想法,发挥群体的创造力,获得预期的效果。会议主持人要能做好以下三点:

- 能掌控会议,并使头脑风暴会议的成员严格遵循前述的头脑风暴法的基本规则。
- 要使会议保持热烈而轻松的气氛。
- 要保证让全体参与者都能畅所欲言,献计献策。

为此,头脑风暴会议的主持人必须具有丰富的经验,能够充分把握讨论问题的本质,主持人应乐于接受头脑风暴法所造成的奔放而接近狂热的会议气氛,努力使参加者忘却自我,从而能变得更加自由。主持人应及时地发现参加者朝哪个方向提出设想,并巧妙地将脱离正确方向的参加者引回到既定的目标方向上来。

在某种程度上讲,主持人应该是演技相当细腻的演员,并在某些方面具备电视节目主持人的素质。为了更好地掌控头脑风暴会议,主持人可以运用以下技巧使头脑风暴达到既定目标:如果出现违背头脑风暴法基本原则的现象,应当立即制止,并号召大家鼓励发言者。当灵感激发速度明显下降时,主持人可以用"每人再提两个点子就结束"之类的话再次激发创意;主持人应控制好时间,一般建议控制在 10 min 左右,以免参加者太疲倦而产生反感。在会议结束时,主持人应对会议的成果表示肯定,对与会者表示感谢。

(4) 头脑风暴法的实施。头脑风暴法一般分为会前准备、会议过程和创意评价 3 个实施阶段,如图 1-3 所示。

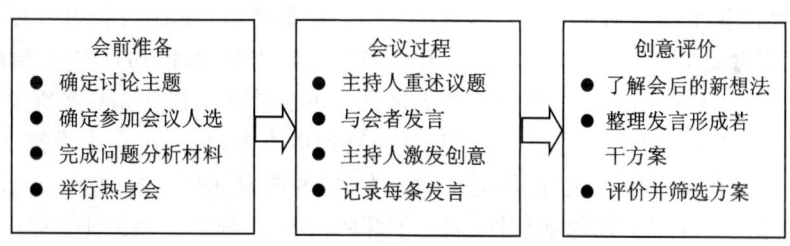

图 1-3 头脑风暴法的实施过程

① 会前准备。
- 确定讨论主题。讨论主题应尽可能具体,最好是实际工作中遇到需要解决的问题,目的是有效地联想和激发创意。如果可能,应提前对提出初始问题的个人、集体或部门进行访谈调研,了解解决该问题的限制条件、制约因素、阻力与障碍以及任务最终目标。
- 确定参加会议人选,并将所要讨论的问题写成问题分析材料,在召开头脑风暴会议之前的几天内,连同会议程序及注意事项一起发给各位与会人员。
- 举行热身会。在正式会议之前召开预备会议的原因是由于:在多数情况下,与会人员缺乏参加头脑风暴会议的经验,而且要他们做到延迟评价也比较困难。在热身会上,主持人要向与会人员说明头脑风暴法的基本规则,解释创意激发方法的基本技术,并对成员所做的任何有助于发挥创造力的尝试都予以肯定和鼓励,从而让参与者形成良好的思维习惯来适应头脑风暴法,并尽快适应头脑风暴法的气氛。

② 会议过程。
- 由会议的主持人重新阐述议题,要求与会人员讲出与该问题有关的创意或思路。
- 与会者想发言的先举手,由主持人指名开始发表设想,发言力求简单扼要,一句话的设想也可以,注意不要做任何评价。发言者首先提出自己先准备好的设想,然后再提出受别人的启发而得出的思路。从这一阶段开始,就存在头脑风暴的创造性思维方法。
- 若是讨论发言进行到人人山穷水尽的地步,主持人必须使其再继续一段时间,务必使每人尽力想出好的想法,因为奇思妙想往往是在挖空心思地压力下产生的。主持人在遇到会议陷于停滞时可采取其他创意激发方法。
- 创意的收集和激发及生成阶段并行。每一个设想必须以数字注明顺序以便查找。必要时可以用录音设备辅助记录,但不可以取代笔录。记录下来的创意是进行综合和改善所需要的素材,所以应该放在全体参加者都能看到的地方,在与会者提出设想的时候,主持人的语言要妙趣横生,使气氛轻松融洽。
- 主持人还要使参与者坚守头脑风暴法的基本规则,即任何发言者都不能否定和批评别人的意见,只能对别人的设想进行补充、完善和发挥。一次会议创意发表不完的,可以再次召开会议,直至将各种创意充分发表出来为止。主持人必须充分掌握时间,时间过短,设想太少,时间过长,容易疲劳。有时,最好的设想是会议快要结束时提出的,主持人可以从已确定的会议结束时间上再延长 5 min。

(二) TRIZ 创新法

(1) TRIZ 的产生与发展。TRIZ 是"发明问题解决理论"的俄文缩写,按照 ISO 国际标准规定,对应转换成拉丁字母的结果。它是解决发明问题的理论、方法、工具和程序,主要用于解决技术系统中的矛盾,并实现创新。TRIZ 由其创始人阿奇舒勒于 1946 年开始研发,经过几十年的不断完善,最后逐渐形成的比较完整的体系。苏联曾陆续建立 500 多所发明创造学校,传播、推广应用 TRIZ。阿奇舒勒甚至将 TRIZ 传播到中小学,给中小学生讲授 TRIZ,为中学生写了在 TRIZ 历史上影响很大、流传至今的一本书《发明家诞生了》。1989 年苏联开发了第一个基于 TRIZ 的计算机辅助创新软件,成立了 TRIZ 协会,阿奇舒勒出任主席。

苏联解体后,大批 TRIZ 研究者移居欧美,TRIZ 的研究与实践得以迅速普及与发展。美国成立了很多 TRIZ 公司,并将 TRIZ 进一步开发成实用的 CAI(计算机辅助创新)推广应用。苏联 TRIZ 协会也演变成国际 TRIZ 协会,缩写为 MATRIZ,创始人阿奇舒勒担任主席直到 1998 年去世。MATRIZ 有 52 个协会成员,承担研究、发展、推广 TRIZ 的重任,积极参与全球 TRIZ 活动,每年召开 1 次 TRIZ 峰会。1999 年美国阿奇舒勒 TRIZ 研究院和欧洲 TRIZ 协会相继成立。TRIZ 走向世界,并且已由工程技术领域向自然科学、社会科学、管理科学、生物科学等多个领域渗透,以解决这些领域遇到的问题。现代 TRIZ 在经典 TRIZ 的基础上,增加了两个重要内容:一个是计算机辅助创新(CAI);另一个是系统功能分析。

TRIZ 走向世界,主要是在一些发达国家取得了明显效益,如美国福特、韩国三星等企业。由于 TRIZ 本身存在着不够完善、不够成熟等问题,诸如表达非常抽象、笼统,缺少必要的解释和足够的案例说明,使人深感玄妙、深奥,难以理解、接受。TRIZ 的推广应用并不顺利,成果的取得主要依赖于那些经过长期磨炼而掌握 TRIZ 诀窍的 TRIZ 专家。

(2) 我国 TRIZ 理论的发展。20 世纪 80 年代中期,我国学术界的少数科技工作者就已经初步接触到 TRIZ。90 年代中后期,部分高校开始研究 TRIZ,开设课程,招收研究生,培养了首批 TRIZ 人才。进入 21 世纪,亿维讯同创公司成为国内首家将 TRIZ 理论和 CAI 技术引入我国并推广应用的企业。2005 年,中兴通讯与亿维讯同创合作,对来自研发一线的 25 名技术骨干进行了为期 5 周的 TRIZ 培训,使 21 个技术难题有了进展,并申请了 8 项专利。

2007 年,国务院采纳了王大珩、叶笃正、刘东生三位院士提出的《关于加强我国创新方法工作的建议》。该建议突出了"自主创新,方法先行"。创新要有方法,创新要懂得方法,创新方法是自主创新的根本之源。2007 年科技部确定黑龙江省、四川省为首批创新方法 TRIZ 试点省。黑龙江省开始聘请俄罗斯、德国 TRIZ 专家举办培训班。随后试点省份增多,科技部为各地培训骨干人才,相继在全国各地都开展了 TRIZ 的培训工作。TRIZ 作为一种独特的创新方法,逐步受到我国企业界、科技界乃至国家领导人的高度重视。

(3) TRIZ 的解题模式。应用 TRIZ 解决任何一种矛盾,都要经过"把具体问题转换成 TRIZ 理论,再把 TRIZ 理论转换成具体方案"这样两个过程,如图 1-4 所示。这种解题模式就像一座桥,因此被称为"TRIZ 桥",上桥、过桥获取 TRIZ 理论,下桥就变成具体方案。

第 1 个过程——把具体问题转换成 TRIZ 理论,是把具体问题的表达转换成 TRIZ 的表达,再到相应的各种创新工具表中去获得可能解决这个问题的 TRIZ 理论。这是一个从具体

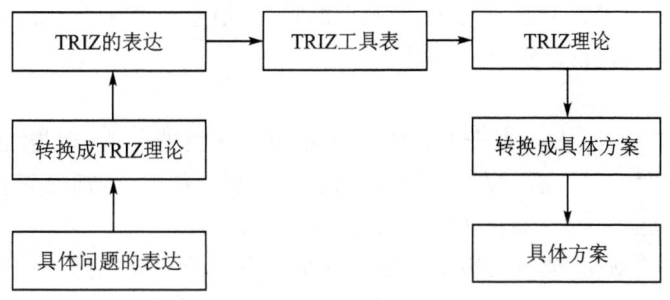

图 1-4 TRIZ 解题模式——TRIZ

问题到抽象理论的过程。

第 2 个过程——TRIZ 理论转换成具体方案,从得到的 TRIZ 理论之中受到启迪、引导,联系具体问题要达到的目标,看到方向,经过一定的思维过程,主要是逻辑推理,把原理转换成具体的创新方案。这是一个从抽象理论到具体方案的过程。这里所说的具体方案,其实只是一种概念性设计,还不是一种实质性的结构设计。

应该指出,在这两个转换过程中,都会遇到困难。第一个过程中,要把具体的表达转换成抽象的概念,是从具体到抽象;第二个过程中,要把抽象的概念转换成具体的表达,是从抽象到具体。这两次转换有时非常困难。这是 TRIZ 固有的难点,是对我们思维能力的磨砺与考验,经过应用不断积累经验,困难就会减少。

这里的 TRIZ 解题模式,就是 TRIZ 应用的具体操作过程,也是 TRIZ 的创新过程。具体操作是经过"把具体问题转换成 TRE 理论,再把 TRIZ 转换成具体方案"这两个过程,中间要查 1 张"TRIZ 创新工具表"。由此,可以把 TRIZ 创新操作过程简练地归结为"套 1 个公式,查 1 张表"。

套 1 个公式:把具体问题转换成 TRIZ 创新原理,再把 TRIZ 创新原理转换成具体方案。

查 1 张表:各种 TRIZ 创新工具表。作者整理归纳,共有 14 张表。

TRIZ 通过套公式、查表实施创新,把创新公式化、表格化。

TRIZ 理论表明:创新不是灵光一现,而是人与技术依据某些规律相互作用的结果。我们可以通过 TRIZ 理论、方法和工具的应用把创新过程逐步细化和具体化,遵循相关步骤或规律,每个人都能够利用创新原理解决遇到的问题。创新是一种人类与生俱来的先天的能力,它随着年龄的增加而逐渐被埋没,但却又能在后天被重新激发出来。而 TRIZ 恰恰可以调动和激发人的创造能力,是被实践所证明的最行之有效的工具。总之,创新是有规律可循的,掌握了这些规律就可以快速有效地解决问题。

第三节　创新与创业的关系

一、创业的概念

对于在校大学生或已经毕业的大学生,"创业"这个词语并不陌生,大家或多或少地接触过创业者,也看到过很多创业的具体形式,比如:摆摊;开饮品店、服装店和快餐店等;在网上销售商品、提供网络服务等。这些都属于创业的具体表现形式。但是对于有志于创业的大学生而言,有必要更加系统地了解创业的内涵、创业者的类型、创业的过程等知识,从而对创业有更加清晰的认识,为创业的理论知识添砖加瓦。

(一) 创业释义

《孟子·梁惠王》中记载:"君子创业垂直,可继也。"这里的创业,即指"创立基业""开创事业"。"创业"由"创""业"组成,所谓"创"就是创造,即创建、创立、创新之意;而"业"具有学业、业务、工作、专业、就业、转业、事业、财产、家业、企业等含义。

在现代社会中,"创业"被普遍用于描述开创某种事业的活动,它是一个过程,也是一个主体通过主观努力而取得的新结果。它意味着某个人或某个群体通过有组织的努力,以创新、独特的方式追求机会、创造价值和谋求增长。它也是一种着重于创新活动的行为过程,是创业者通过创新手段,将资源更有效地利用,为市场创造出新价值的过程。那么,作为大学生,该如何更好地理解创业的内涵呢?

(1) 语境视角的创业。由于中西方文化体系以及价值观念的不同,导致中文和英文对创业的理解存在较大的语境差异。在中文里,创业的本义指的是创建功业。如《孟子·梁惠王下》一文中的"君子创业垂统,为可继也",是说"要创建功业,传给后代子孙"。当代权威辞书《现代汉语词典》将创业解释为创办事业。可见,今人与古人对创业的解释并无根本性的差异。在英文中,与创业相对应的词汇主要有 entrepreneurship、venture 和 startup 等。其中,entrepreneurship 直译为企业家精神,强调的是创业者所要具备的素质和能力;venture 直译为风险,强调的是创办企业的不确定性;startup 直译为启动,强调的是创办企业的阶段性。可见,中文对创业的释义在某种程度上更加注重结果,而英文对创业的释义则比较重视过程。这可能与中国属于农耕文明、长时间封闭、较为稳定,而西方国家属于海洋文明、长时间扩张、不确定性大的历史文化环境有关。

从创业一词的使用范围来看,中文的外延最为宽广,只要是具有开拓意义的变革活动都可以归列为创业的范畴。创业的"业"不仅仅指的是企业,更不限于商业领域,而是随着"建功立业"拓展到事业、学业、家业等各业。遗憾的是,中文语境对创业内涵极为丰富的外延,并不具有方法论意义上的可移植性,更多地体现为认识论。在英文中,创业早期的、狭义的概念就是指"创建企业",尽管该词的内涵日后有所拓展,但也基本局限于商业领域的经济活动。与之相对应,创业管理的研究领域也是定位在新企业生存与成长的前期,如图1-5所示。应该说,英文语境对创业的定义尤其是早期定义,边界非常明确,一直影响至今。

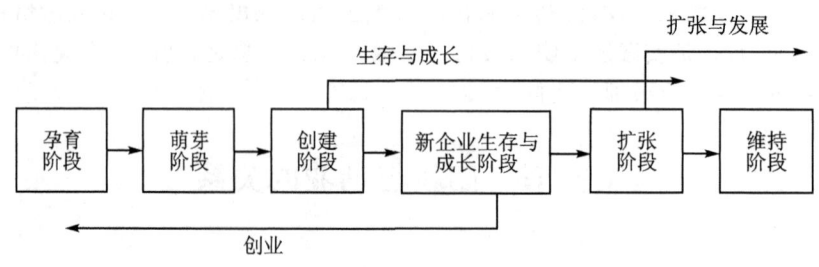

图1-5 创业活动处于企业生命周期的位置

(2) 机会视角的创业。随着第二次世界大战后西方国家众多中小企业的迅速崛起以及这些企业在经济、社会、就业、技术创新等方面不可忽视的巨大作用,学者们不再局限于创业活动狭义概念的表象,而是更加关注创业活动的规律性并取得了一些重要共识。哈佛大学的史蒂文森教授认为,创业是在不拘泥于当前资源条件的限制下追寻机会,并将不同的资源组合以利用和开发机会来创造价值的活动。创业研究的领军人物 Shane 和 Venkatara-man,开创性的构建了以机会为核心的创业研究框架,使创业研究从战略、组织等领域中独立出来,成为一个单独的研究领域。

创业教育的重要奠基者、美国百森商学院的蒂蒙斯教授更是将创业上升为一种进行思考、推理和行为的方式,并认为这种方式是由机会驱动的、注重方法与领导之间的平衡。蒂蒙斯教授构建了由机会、资源和团队三个要素匹配的创业模型,如图1-6所示。该模型不仅识别了创业的三个核心要素,更精妙之处在于以一个"倒三角"的不稳定的瞬间状态来反映了创业演化的整个动态过程。如图1-7所示演化轨迹可知,创业前期以机会驱动为主,创业后期以资源驱动为主,整个创业过程由创业团队进行协调和平衡。

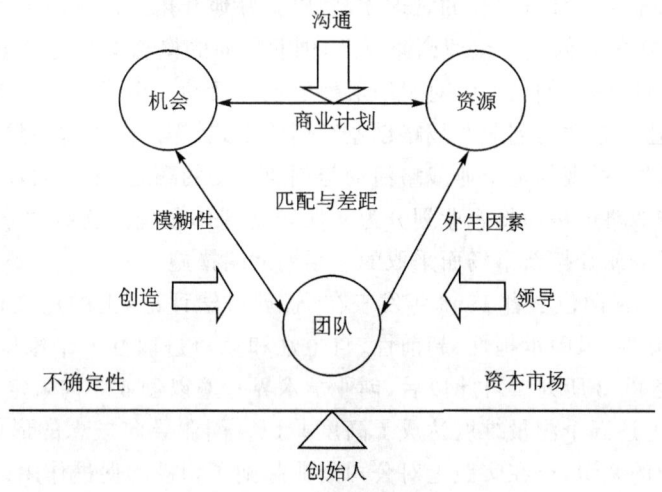

图1-6 蒂蒙斯创业模型

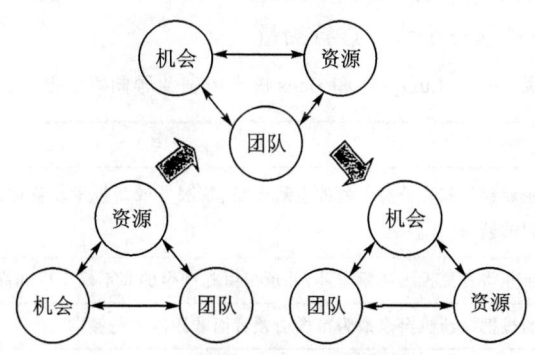

图1-7 蒂蒙斯创业模型的动态演化

学者们以"机会的识别、开发和利用"为过程主线的定义摆脱了企业或组织等有形实体对创业活动的束缚,不仅深刻地阐释了创业的本质内涵,使创业活动真正区别于一般性的商业活动;而且使创业活动在方法论意义上真正具有了可移植性和普适性,使人们可以应用创业的思维、逻辑、理论、方法、工具、手段去指导更多的社会实践活动,将创业活动真正外延到更为广阔的社会经济领域。

(3) 行为逻辑视角的创业。创业活动与众不同的行为逻辑也是其区别于常规活动的一个极其重要的维度。创业活动与人们所熟悉的常规活动相比,由于在初始阶段就受到资金、人员、设备、品牌、渠道等各种资源严重不足的硬性约束,很难以常规的逻辑来指导行动,而是遵循着一种非常独特的"手段—目的"关系。这种关系截然不同于既有企业或人们通常习惯的"目的—手段"关系,是通过撬动资源以应对复杂、动态、多解的生存空间并求得快速发展的行为逻辑。

美国亚利桑那州立大学的学者 Samsvathy 对此进行了开拓性的专项研究,其关于两种行为逻辑的比较。Samsvathy 的成果一经推出就立即引起了国际学术界的强烈反响。这不仅是因为该成果从认知层面为创业研究提供了全新的视角,更重要的是,它在相当程度上挑战并改进了以成熟大企业为研究对象所提炼的传统管理思想,促使某些成熟大企业开始逐渐应用创业活动的行为逻辑来克服日益僵化的管理体制,以更好地开拓新市场甚至进行多元化经营。

(4) 创业导向视角的创业。在理论渊源上,创业导向的概念主要衍生于公司创业的范畴。在这一概念出现之前,学者们已经针对组织层面的创业活动提出了一些与之很相似的概念,如"创业型企业""创业姿态""内创业""战略创业""创业方式"等。由于这些类似的概念都来源于战略管理领域,所以其展现的是企业战略活动与创业活动的融合,主要的理论思想要么是为识别不同企业的特殊战略风格而将企业划分为从保守型到创业型的连续谱系;要么是为了维持企业的已有竞争优势或开拓新市场而采取的一系列战略措施。

Lumpkin 和 Dens 两位学者 1996 年发表在《管理科学评论》上的论文首次提出了创业导向的概念,并以创新性、风险承担性、超前性、自主性和竞争进取性五个维度对其进行测量,五个维度的内涵如表 1-3 所列。自此以后,创业学术界普遍以创业导向来定义和衡量组织层面的创业活动,并对上述五个测量维度达成了高度共识。创业导向概念的形成既在理论上统一了人们对公司创业的认识,也在实践上对公司创业起到了积极的促进作用;企业可以通过提高创业导向的维度能力使创业活动逐渐内化为组织惯性,从而发展成为创业型组织。此后,Stone、Good 以及 Elenurm 等学者又从个人层面对创业导向的概念进行了界定,并提出以创新性、模仿性和共同创造性这三个维度进行测量。

表 1-3 Lumpkin 和 Dens 提出的创业导向概念及维度

维 度	定 义
创新性	企业参与和支持有可能催生新产品、新服务或新技术流程的新创意、新事物试验和创作过程的倾向
风险承担性	企业将资源投入风险事业,并承担由此产生的高不确定性和高风险的意愿
超前性	通过把握新机会来成为市场引领者而非跟随者的倾向
自主性	比竞争对手更加积极和强烈的资源投入意愿
竞争进取性	企业为了打入新市场或提升其市场地位而直接、密集地向竞争对手发起挑战的倾向

综上所述,随着现代市场经济的迅猛发展以及创新创业活动的深入实践,人们对创业本质的认知也在不断地深化和拓展。学者们眼中的创业早已摆脱了"创业就是创建新企业"这种狭隘、局限的概念,而是向具有规律性的本质范畴"精耕细作""深入挖掘",并已取得了一些令人鼓舞的共识。面对着最新一代技术革命浪潮的迭次冲击以及全球资源及工作的再分配,创业

已经不再是某种单一的经济活动,而在很大程度上演变为个人或组织的一种生存和成长方式,其固有的经济属性也在融入越来越多的社会元素。

新时代的创业者形象正在变得多种多样、不拘一格。在创业导向的指引下,他们可以不必拥有传统意义上的企业和雇员,而是为自己打工;他们可以是在大企业里通过承担风险,把想法变为创造利润的商品的直接责任人;他们也可以像诺贝尔和平奖获得者穆罕默德·尤努斯教授那样以社会创业帮助穷人脱贫;他们还可以革新公共政策及管理,以实现公共服务价值的最大化。与此同时,创业活动也正在从经济领域渗透到社会领域和公共服务领域。

(二)创业的特点

1. 创业是一种生活方式

创业对于初入社会的大学生而言,既充满魅力,又高深莫测、困难重重。实际上,创业褪去神秘华丽的外衣,不过是一种生活方式——可以是朝九晚五的工作,可以是不断深造,也可以是随遇而安。但创业需要创业者付出更多时间与精力,具备更多、更全的技能,还要求创业者勇于面对创业过程中的困难和挫折。创业成功,可以积累大量的财富,受人尊敬,甚至获得荣誉和地位,而创业失败,也许会让创业者与富足的生活擦肩而过;也许让创业者从此颓废不振;也可能让创业者在经历失败后重新站起来。要想创业成功,就需要承担相应的风险、责任和压力。有些人认为创业太辛苦、太劳累,甘愿过朝九晚五、平平淡淡的生活,这也是无可厚非的。

2. 创业是实现梦想的一个途径

每个人都有属于自己的梦想,而创业是实现梦想的一个途径,但不是唯一途径。创业可以为创业者带来优质的人脉关系,增长创业者的见识,并有可能使创业者积累大量的财富。在财富的支持下,人们可以更容易地去实现自己的梦想,如:有些人的梦想是环游世界,就需要大量的金钱;人们想要去创造发明,就需要投入大量的资金;有些人的梦想是让自己和家人生活得更加幸福,甚至帮助更多的人,为家庭、为社会做出贡献,这也需要财富的支持。这些梦想,都可以通过创业实现。

3. 创业过程充斥着矛盾

创业不仅需要做充足的准备工作,如材料收集、市场调查、资金筹备等,还需要进行周全的考虑和战略规划等。创业的过程是无法完全掌控的,它充满不确定性。创业的矛盾就体现在,明知创业无法完全把控,仍然需要去做收集、调查等工作,做到未雨绸缪。人们希望过舒适、轻松的生活,但是创业有大量的事情需要人们去安排、管理和操作;人们希望有更多的空闲时间,但是创业往往需要人们付出大量的时间,无暇顾及家人与朋友。

4. 创业是一个复杂的系统

创业可能涉及金融学、管理学、工程学等,要想企业做得出色,创业者就需要掌握更多的知识和技能。并且,创业不是简单地"摆地摊""做推销""做代理",而是要通过较好的语言表达能力和良好的人脉关系、销售能力或个人品格来获得人生的"第一桶金"。然而这些知识只是创业的一部分,实际上创业还需要面对项目的选择、产品的开发研制以及和顾客、销售人员、供应商、代理商的沟通交流,还会涉及资金的管理,招人、用人与工商、卫生和税务部门等打交道,同时也要求创业者具备一些法律常识。要成就一番事业,不仅需要对自己和家人负责,还需要对客户、合作伙伴及其他社会组织负责。

(三)我国创业的发展历程

改革开放以来,我国经历了数次创业潮,从计划经济到市场经济,从互联网到移动互联网,时代的变迁让一波又一波创业者前仆后继,他们扮演了举足轻重的角色。创业者从个体户到合伙人,从小商贩到规模经营,创业者的身份随社会演化而不断发展变化,而创业潮在很大程度与政府政策、社会经济、科技发展、社会包容度等息息相关。

我国的创业发展历程大致可分为四个阶段。

第一阶段:20世纪80年代是一个物资贫乏的年代,冰箱、洗衣机、电视这些如今常见的产品在当时实属奢侈品,为了解决温饱问题,很多人靠摆地摊或从事理发、修鞋、磨刀、修家具、卖小吃等维持生计,还有些人倒卖物品赚取差价,因此"个体户"应运而生,我国第一代企业家大都在这个时期获得"第一桶金",并且在时代的机遇中,成就了非凡的事业。

第二阶段:自个体经济为人们打开新天地后,人们有了一定的资本积累,开始追求更高的物质回报。这个时期,房地产市场异常火爆,现在的房地产巨头大多是在这一时期成立的。

第三阶段:经济的发展解决了人们的生存问题,而科技的发展则改变了人们的生活方式。1998年开启了互联网大时代。1998年"搜狐""网易""腾讯"成立。1999年"阿里巴巴"成立,"天涯社区""红袖添香"这些社区网站也初具模型。互联网时代,极少数的大学生已经萌生了通过互联网创业的意识,他们主要通过个人网站等方式盈利。2007年,苹果推动了智能手机的发展,互联网时代开始进入移动互联网时代。越来越多的大学生或其他人群开始接触和进入移动互联网行业,网络开店成为潮流。

第四阶段:2014年,我国政府提出"大众创业、万众创新"的号召,掀起了"大众创业""草根创业"的新浪潮,形成了"万众创新""人人创新"的新态势。2015年的《政府工作报告》将"大众创业、万众创新"作为推动经济转型升级的双引擎之一。这个时期,一方面,随着智能手机和移动互联网为了改变家乡面貌而创业的迅速发展,创业机会比个人计算机端时代更多了;另一方面,高科技、高融合、全球化的创业机会来临,行业过剩催生线上和线下相结合,从而形成新零售、新物流和新制造。同时,人工成本上涨、人口老龄化助推一大批制造业自动化升级,给人工智能和现代服务业带来机会,而过度开发则给新能源和环保带来机会。随着我国从资本输入到资本输出的转变,未来无论是制造业企业本身还是产品,都有走向世界的机会,这将推进产业全球化。

(四) 创业的类型

根据不同的情况,创业的类型可按照创业动机和创业者情况进行分类。

1. 根据创业动机不同分类

根据创业动机不同,创业分为生存型创业和机会型创业。

生存型创业指创业者对当前现状不满,受到一些非创业因素的推动而从事创业,可用"逼上梁山"来形容。

机会型创业是指创业者在创业本身的吸引下,利用自身的个人特质和商业机会从事创业,是一种自发的创业。

在金融、保险、房地产等行业中,机会型创业相对较多,而在零售、汽车、租赁、个人服务、保健、教育服务、社会服务和娱乐等行业中,生存型创业相对较多。

2. 根据创业者情况分类

根据创业者情况的不同,创业一般可以分为变现型创业和主动型创业。

变现型创业指创业者曾经在企业工作期间聚集了大量资源,他们利用这些资源在机会适当的时候,自己开公司、办企业。其实质是将过去的无形资源变现为有形财富的创业行为。

主动型创业可以分为两种：盲动型创业和冷静型创业。

盲动型创业是指创业者以一定的"赌博"性心理进行创业，这样的创业者大多极为自信，做事冲动，虽然他们很容易失败，但是一旦创业成功，往往能成就一番大事业。冷静型创业指创业者谋定而后动，做好充分准备后进行创业。这样的创业者掌握资源、拥有技术，一旦行动，创业成功率通常很高。

刘向前是来自贫困山区的大学生。大学4年，他靠勤工俭学和助学贷款完成了学业。他学的是生物专业，对一些物种的改良及资源的利用有独特的见解。大学毕业的时候，他认识到，如果想改变自己的生活状况以及家乡的贫穷面貌，仅仅在城市里谋一个职位是不够的。

阅读材料

刘向前从高中时就立志要改变家乡的面貌。为家乡致富寻找出路，在家乡建所好学校，这个想法如山一般压在他的心头。

大学毕业的他回到了家乡，他把自己的想法告诉了县里和乡里的领导，并得到了县里和乡里的大力支持。

为了节省他的创业基金，乡里免费拨了一块山头给他作养殖中心，条件是有经济收入后每年将年收入的5%用于改善乡里的教学环境。而且县里面还特批了5万元创业资金，让他无息使用。家乡的乡亲听说他要搞生态种植和养殖，纷纷联系在外面打工的亲属，让他们回来帮忙。感受到这番浓浓的情意，刘向前感觉越来越有自信，尽管肩头的担子更重了。

刘向前先是化验了家乡的泥土，研究了当地的天气和水利情况，然后从国外引进了一些抗旱的经济作物，并且自己研发了一些常规蔬菜的抗旱品种。他首先从种植开始做起，仅仅一年时间就回收了一部分投资款，第二年他培育的优质肉羊及肉牛品种开始被大量养殖，不到5年时间，原本杂木丛生的山头变成了蔬果飘香的"金山"。之后他还开创了一种新的养殖方法，将自己养殖中心的动物免费送给附近的乡民喂养，并且对他们进行养殖培训，然后免费给他们提供种牛、种羊，只要求他们在种牛、种羊繁育后还给养殖中心一对幼仔。这些方法实施后，不仅他自己家中的条件开始变好，附近的乡亲们也都跟着致富了。

经历了最原始的资金积累，刘向前又花重金修了路，在路修通的那一天，好些乡民都哭了，因为这是他们几辈人都盼望的。交通问题解决后，刘向前又成立了生物制品有限公司，将山里无污染的山珍药材制成成品，远销欧美。就这样，他一步一步带领乡亲们走上了致富路。

刘向前少年时期的苦难生活令他立下了雄心壮志，他明白自己需要的不仅是一碗温饱饭，他更需要的是一份事业、一份能改善家乡生活条件的事业。而且他非常懂得利用自己的专业所长和自己所能创造的特殊价值，正是这些特殊价值使刘向前的创业项目有了市场。

刘向前没有盲目创业，他懂得选择合适的创业途径，这是他成功的重要原因。他因地制宜，专门研究了家乡的环境，走生态种植养殖路线。引进国外抗旱作物、培育优质肉牛与肉羊，再加上当地也创业政策的扶持和乡民们的帮助，这些都促使他的创业项目最后取得成功。

(五) 创业的过程

创业是一个阶段性的过程，我们可以把该过程按时间顺序划分为6个阶段，如图1-8所示。

1. 创意期

创意期的企业和实体企业有较大的距离，不论是创业机会、商业模式还是团队构成，都还停留在创意的萌芽状态。未来什么时候企业能够创立并站稳脚跟，这时候的创业者还不能给

图 1-8 创业的过程

出准确的答案。

创业者跨越创意阶段的标志是创业方向和目标市场的确定。创业者在寻找创业方向和目标市场的过程中,一定要不断积累知识与能力,可以通过课余时间兼职、参加社团、参加创业培训等活动,不断积累创业经验。

2. 种子期

这一时期创业者已经初步选定适合的创业机会。为了使创业想法能够成为现实,创业者需要寻找合适的合作伙伴,吸收必要的有形及无形资源,构建可能的商业模式。

此时,企业尚未建立,也不涉及组织结构问题,只是几个志同道合的创业伙伴走到一起组成创业团队,进行相关技术的研究开发和前期的准备活动。

这一阶段,创业者要特别关注创业机会,考虑创业技术是否成熟,考察市场发展前景是否良好,并编写《创业计划书》。

3. 启动期

启动期属于企业的正式创立阶段。企业的创立时间基本明确,已经有了一个处于初级阶段的产品,可以初步投入市场,企业也组建成功,拥有一个分工较为明确的队伍,组织结构初步成形。

在企业搭建之后,创业者就要运用必要的竞争策略来应对市场压力。这一阶段的关键是要做好资金和人员的安排,选择合适的合作者,制订适合企业的管理制度和市场策略,确保企业稳步成长。

4. 发展期

一般企业经过 1 年左右的初创期后,生存问题基本得到解决,进入发展期,发展期一般需要 3~5 年。随着企业的发展,团队成员对企业的未来更加充满信心,但同时创业者将面临迅速增多的管理事务,需要考虑进一步规范组织制度。

这一阶段创业者的主要挑战是规划企业的下一步发展,创业者需要有意识地从企业战略层面思考企业发展目标;同时进一步调整企业的商业模式,如果管理团队的能力和素质无法满足企业发展战略需要,则需要吸收新的团队成员。

在此阶段,要特别注意快速完成资本的原始积累,形成企业的主攻方向,实行粗中有细的管理模式,保证企业骨干的能力发挥。

5. 快速发展期

在经过 3~5 年的发展期后,企业开始进入快速发展期,在这一阶段,企业将会进一步确定发展目标和企业战略。以新的战略为基点,企业可能需要发展新的商业模式,创业者可能希望组建自己的销售队伍,扩大生产线,进一步拓宽市场。

这一阶段中,企业逐步形成规模,产品开始具有一定的市场占有率。在快速发展期,创业者不仅立足于原有的创业点,而且试图开发相关产品以及开展相关项目。企业所拥有的资源较为丰富,管理制度也基本到位,但可能成为风险投资机构热衷的投资对象。创业者应致力于专业化的发展,即使要发展多元化的业务线,也应该是与主营业务相关的多元化。同时,要扩大企业规模,对产品和服务进行延伸,降低开支,减少浪费。另外,还要优化资金募集方式,细化分工,并做好知识产权的保护等工作。

6. 成熟期

在成功发展5～10年后企业开始步入成熟期,此时企业核心产品已在市场上占有较大份额,利润额剧增。

成熟期的企业组织结构日趋完善,但也可能出现组织创新的惰性和障碍。经营中存在的潜在风险和管理者可能的失当举措使成熟期的企业可能出现衰退的端倪。对于企业来讲,在这一阶段筹集资金的方法,就是通过发行股票上市。

企业成功上市筹集的资金,一方面可为企业发展增添后劲,使企业拓宽经营范围和规模;另一方面也可为风险投资机构的退出创造条件。这一阶段,创业者要不断开发新产品、新服务和新市场,注重年轻干部的培养和继任者的选择等。

二、创新与创业的联系

如果把创新和创业认定为两个集合,那么两者之间就可能存在着如图1-9所示的4种关系。关系1表明创新和创业两个集合之间没有关系;关系2表明创新和创业之间有交集;关系3表明创新是创业的一个子集;关系4表明创业是创新的一个子集。

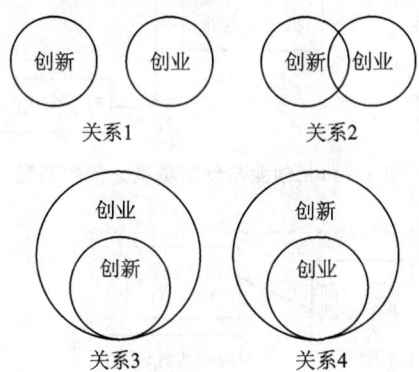

图1-9 创新与创业之间可能存在的联系

由于模仿在一定程度上也是一种创新,所以关系1是比较少见的。这种关系主要是生存型创业,创业者从事着完全意义上的复制或者是微不足道的改进。

关系2的交集表明创新和创业之间既有区别又有联系。区别在于创新的关注点是新产品,创业的关注点是新组织;联系在于新组织的创立有赖于新产品的开发和市场化。进一步讲,可以认为,创新是机会型创业的最主要源泉,创业是创新得以产业化的最主要实现方式。这种联系借用管理大师彼得·德鲁克的表述就是:"创新是创业的特定工具,是挖掘不同产品与服务变化机会的方法"。如图1-10所示为发明、创新与创业三者之间的区别和联系。

关系3中的创新和创业符合创业导向的定义,创新仅是创业的一个维度,也就是说创业活

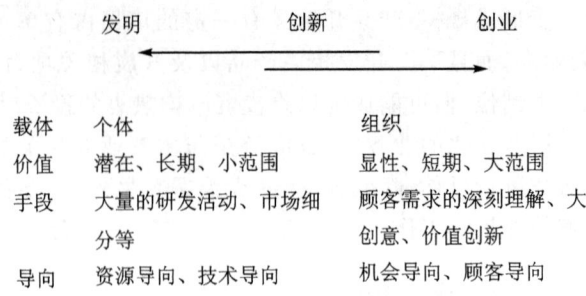

图 1-10 发明、创新与创业三者之间的区别和联系

动多多少少都会有创新,只是程度不同而已。关系 4 则是把创业看作一种特殊的创新活动,这种关系符合熊彼特对创新概念的界定,创建新企业当然是一种新的组织形式。

综上所述,创新与创业之间的这 4 种关系各有各的道理,也都有其存在的意义和价值。本书认同的是第 2 种关系,并基于这种认同将创新与创业的类型进行了匹配如图 1-11 所示。章节结构的设计也是面向创新驱动的机会型创业如图 1-12 所示。当然,创新与创业之间不是简单的线性关系,而是非常复杂的多回路反馈。创新也并非仅仅出现在创业的初始阶段,它可以根据需要出现在创业的任何阶段,成功的创业总是离不开创新。

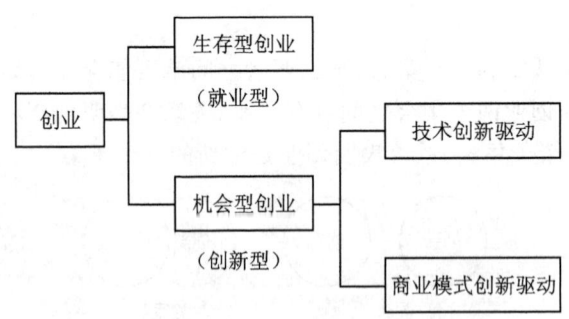

图 1-11 创业与创新类型之间的匹配

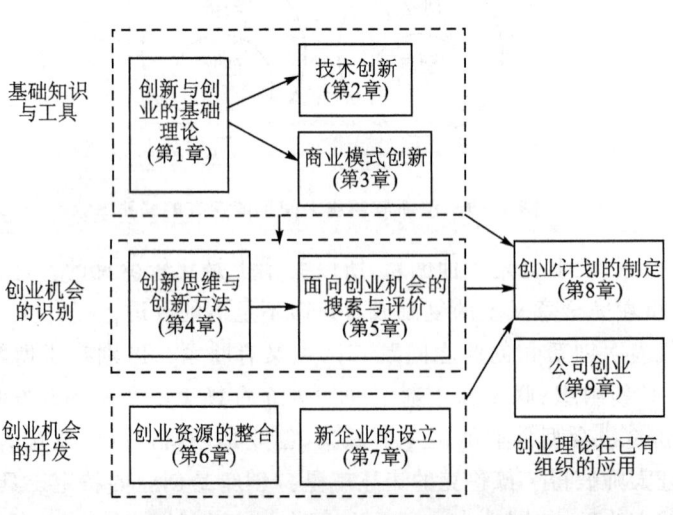

图 1-12 本书章节结构的逻辑框架

三、创新创业教育

（一）创新创业教育的概念

创新创业教育（innovation and entrepreneur ship education）是开发和提高学生创业基本素质的教育，是一种培养学生的事业心、进取心、开拓精神、创新精神，并从事某项事业、企业、商业规划活动的教育。20世纪80年代开始，美国等发达国家的高校就将创业教育设置为正式课程且颇具规模。目前，美国的创业教育已形成了相当完备的体系，涵盖了初中至研究生阶段的正式教育，有数百所大学至少开出一门创业教育课程。其中，哈佛大学商学院等一批著名高校从90年代中期就开始培养创业教育方向的工商管理博士。

（二）国外创新创业教育介绍

（1）英国创新创业教育。随着越来越多的高校重视并兴起创新创业教育，英国政府也出台了多种措施来支持高校的创新创业教育，如资金保障、启动创业项目、构建创业型大学等。

英国高校创新创业教育大致经历了三个时期，萌芽期、快速发展期和成熟期。以斯特林大学首先启动大学生创业项目为标志，英国高校创新创业教育兴起于20世纪80年代中期；随后8所英国的国内高校实施了创新创业项目试点计划。80年代末、90年代末，《迪尔英报告》的不断发表表明政府开始重视高校创新创业教育工作，从政策上为高校开展创新创业教育奠定了基础。进入21世纪后，创业中心建设逐步发展为官方化的全国性组织，创业基金的启动及官方创业委员会的成立，使得英国创新创业教育趋于多元化发展。

（2）荷兰创新创业教育。通过积极推动创新创业教育的发展来强化整个社会的创新创业意识与能力，进一步提升荷兰的科技、经济水平，这是荷兰政府创新创业教育的基本理念。荷兰自古以来便以贸易与商业作为立国之本，其经济以中小型企业为主，在软件空间、新能源、金融科技、数字医疗、共享技术和3D打印等领域与全球创新的总体方向一致。因此，荷兰社会的一种主流观点是："接受过创新创业教育的学生并不需要在刚毕业的时候就开始创新创业，而可以在学生的人生任一阶段。"

荷兰创新创业教育的目的是提高学生的创新创业意识和培养其创新创业技能，具体包括社会责任感、创新创业能力、社会交际能力、商业头脑、工作效益等，这些技能与素质需要从小培养。2000年，荷兰政府推出"教育与创新创业合作计划"，标志着政府部门真正介入并形成统一的教育模式。事实上，荷兰创新创业教育注重培养学生对创新创业精神的认知，在塑造创新创业态度、技能和文化方面发挥着关键的作用。"早期创新创业教育效应"项目的研究结果也表明了在学生学业的早期阶段发展创新创业技能和态度，将对未来的创新创业行为有着非常显著的影响。

（3）印度创新创业教育。1966年，印度提出了"自我就业教育"的印度版创新创业教育的核心理念与目标，鼓励学生在大学毕业后自主创业，使大学毕业生不仅是求职者，还应是工作机会的创造者。

自20世纪80年代以来，这一理念逐步得到了整个印度社会的重视。印度创新创业教育的兴起与发展有利于缓解印度人口增长带来的就业压力。多样化、多元化、多层次的创新创业教育组织模式推动了高校创新创业人才的培养，促进了高校知识成果的转化，推进了政府、高校、企业与个人的协同创新，在很大程度上推动了印度经济和社会的发展。1986年，印度政府在《国家教育政策》一文中提到，大学要培养学生学会自我就业所需的态度、知识和技能。其创新创业教育的特点可以概括为以下两个方面：

创新创业教育国际化。印度极为大学生创新创业教育营造国际氛围，创新创业教育课程直接运用国外的原版教材，同时引进国外知名创新创业专家担任大学创新创业中心的教授。

创新创业课程的整合性和非课程性。在印度高校，创新创业教育课程都是以特定的专业课程为基础，并与其进行整合，如印度管理学院加尔各答分校的创新创业课程就是与管理专业的课程相结合的，形成完整的创新创业课程体系。印度的很多大学都成立了与之相匹配的创新创业中心，用来统筹课程活动项目。这些非课程活动项目包括开展创业项目、举行商业项目设计大赛、成立企业发展孵化中心及参与学术研讨会等。

第二章　大学生创业形势分析

首先,本章介绍了大学生创业的环境,针对大学生创业的优势劣势进行分析;其次,通过对大学生创业所具基本能力的阐述,探讨了大学生创业前需要不断提升自身各方面能力的重要性;最后,具体介绍了大学生创业方法与途径,包括:创业团队建设、创业机会评估、商业模式与计划、企业资源管理等内容。

案例导入:创业梦

雷刚是某政法大学刑侦学院侦查学专业的大四学生,近期,他以创业明星的身份闯进"感动校园"前20强。听说了学长雷刚的创业经历,大一新生曾听说:"从大一时的书籍和特产代理,到大二、大三时的棉被代理,再到大四自创品牌开公司,他以坚实的步伐走出属于自己的创业路,一步步接近远方的梦想。"

雷刚初次接触创业是在高三毕业后的夏天。他听说在某邮电大学上学的朋友组建了一个创业团队,就趁着暑假没什么事,也跟着去"混"了一周。由于雷刚初次涉商,没有经验,他辛苦了一个星期后,一笔赞助费都没拉到。

但正是这次实践,点燃了雷刚心中的创业梦。

大学开学后,雷刚一直留意身边出现的商机。政法大学少不了要学习各种法律条文的同学,并且还有一个月就要考英语四、六级了,雷刚想肯定有不少同学要买外语辅导书。他果断拿出5600元的新生奖学金,到一家批发书城进了10000元的复习辅导书。

雷刚先是在本专业宣传,接着在各大校园的QQ群里宣传,最终雷刚的辅导书以低于周边书店的价格被刑侦学院的同学抢购一空。他一个星期赚了500多元。

大一下学期,学校举办创业大赛,学生自组团队推销装有牛肉、麻花和米花糖的什锦盒,销售数量最多的队伍即胜出。雷刚在与同班的3名同学达成共识后,他们于每天晚上9~11点"横扫"各大院系寝室。比赛共7天,由于雷刚有其他事情只参加了前面4天,最后,其团队以销售出50盒的成绩获得第4名。

雷刚的一个初中同学的学姐在国内一家纺织品企业做校园代理商,通过介绍,雷刚在大二开学前一周取得了该品牌在某政法大学的校园代理权。为了组建销售团队,雷刚利用大一比赛结识的人脉,先招了12个代理人,然后每个代理人又各自组建了7个人的销售团队。他们像打游击战一样,在楼道摆摊、发传单,进QQ群宣传,"扫荡"寝室,能想到的招儿全用上了。在埋头苦干了三天后,他们最终卖出150套棉被。

大三开学后雷刚接手该品牌在渝北区的校园代理。这一次,加上4所院校代理人的销售团队,雷刚一共召集了200多名同学。用同样的销售途径,上一次只赚回了学费,这一次,他把学费和生活费一块儿给赚齐了,共约2万元。

在留意到学生群体对寝室床上用品市场的巨大需求后,大三下学期,雷刚和朋友在沙坪区注册了重庆乐业居家纺有限公司,以销售6件套学生棉被为主。开公司前,雷刚还特意去江苏考察了一周,并选定了货源合作商家。

雷刚的父母做了十多年的蔬菜和水果生意,他们深知其中的辛苦,听说儿子打算创业,他们好言相劝,要儿子好好学习,毕业后找份体面的工作。但一个月后,他们非但没有劝回儿子,反而被儿子说服,并决定投资。

校园棉被的销售旺季主要是在开学,为了抓住时机,他另外投资,与同校的师弟、师妹在学校周边开了一家 200 m² 的休闲吧。雷刚认为,当一个人怀有创业梦想的时候,会特别希望别人能拉其一把,既然学弟、学妹找到了自己,在自己有能力的前提下,他一定会伸手相助。

像大多数大学生一样,雷刚的梦想也曾是报考国家公务员,但思考了一学期,他最终打定主意,认为创业更适合自己。雷刚总结了如下几点创业经验。

(1) 在别人还没有做好,还没有涉及的市场进行市场细分,并加以调研和规划。

(2) 创业初期,不要太计较利益得失,关注的焦点应是如何可以做得更好。

(3) 产品质量和良好的售后服务很重要,只有做到了这两点,商家才能销售得有底气、有尊严。

(4) 多与比自己优秀或专业的人进行交流和沟通,不断更新思维模式。

(5) 有想法的朋友要多去实践,多去尝试,要注意风险的把控,比如,要把创业失败的风险控制在自己能承受的范围之内。

从上面的案例来看:一方面,雷刚抓住了近年来国内各大高校积极鼓励大学生创业的利好政策;另一方面,雷刚一开始便对自己有着清晰的认知,知道自己喜欢做的事情和以后想要从事的事业,并瞄准了校内大学生的刚性需求,脚踏实地从"小生意"做起。为此努力学习、累积经验,在自己具备创业能力后,在国家扶持政策的帮助下,他开始了自己的创业路。这说明,对创业拥有坚定的信念,能清晰认识自我,能找准目标并为之努力的人,更容易创业成功。

第一节　大学生创业环境

了解大学生创业环境和现状能够帮助我们分析当代大学生创业的意义,帮助我们分析在各种利好的政策下,大学生能不能创业、该不该创业以及大学生创业面临的问题。

一、当代大学生创业的意义

大学生自主创业是创业中非常重要的一部分。虽然在现实生活中,大学生创业还存在诸多不足,如创业实践少、自主创业科技含量和成功率较低、抗挫折能力不够以及创业所需的综合知识和能力素质比较欠缺等,但是不能否认的是,自主创业不仅对大学生自身发展和成长具有重大意义,而且对社会发展和国家繁荣具有重大的现实意义和深远的历史意义。

(一) 自主创业有助于社会生产力的发展

创业者是现代生产力的催生者,创业活动是技术创新并实现产业化的主要形式。目前,我国的科技创新成果很多,但产业转化率和科技成果转化率均偏低。

阅读材料:硅谷的发展

从旧金山的湾区中半岛沿着加州 101 号高速公路往南至圣何塞,被称为"硅谷大道"。在硅谷大道的两侧有上千家高科技企业,既有世界知名的领先企业,也有许多依附大企业制造零部件的中小型企业,它们都是硅谷的组成部分。

1955 年,知名物理学家威廉·肖克利带着他的晶体管发明回到老家圣克拉拉谷,1956 年他荣获诺贝尔物理学奖,他从此被誉为"晶体管之父"。很多东部的人才纷纷前往硅谷,投奔到威廉·肖克利的实验室。

同时,被誉为"硅谷之父"的弗雷德里克·特曼教授也致力于将斯坦福大学打造成"西部的麻省理工学院",并鼓励师生创业。其后,硅谷出现了罗伯特·诺伊斯——"集成电路之父"、苹果公司创始人乔布斯、微软公司创始人比尔·盖茨等优秀人物,还孕育了谷歌、亚马逊、eBay、PayPal、Facebook 等互联网企业。

在硅谷聚集着众多世界级的高科技企业,它们之间的联手及竞争加快了研发升级,进一步促进了各领域的快速发展。

硅谷的发展证明,鼓励和支持专业技术人才投身于自主创业的大潮中,有利于实现科技成果转化、促进社会生产力发展、建设创新型国家以及实现建设小康社会等目标。因此,鼓励和支持创业活动能有效地推动社会生产力发展。

(二) 自主创业有助于实现经济高速增长

创业活动与社会经济是相辅相成的,一般而言,经济发达的地区也是创业活动活跃的地区,推动创业活动,也就推动了经济的发展。虽然目前我国大学生创办的大多数是一些小微企业,但这是一支不可估量的新兴力量。

虽然目前我国大学生创业所创造的财富占 GDP 的比例不高,但可以想象,不久的将来,随着更多的大学生加入自主创业的行列,我国自主创业的企业不管是数量还是质量都会有一个质的飞跃。

(三) 自主创业有助于创造新的就业机会

大学生自主创业有利于缓解国家的就业压力,并为更多的大学毕业生提供新的就业岗位,从而能从根本上解决大学毕业生就业难的问题。一人创业成功,可以带动多人就业。同时,自主创业还增加了小微企业的数量,开创新的产业领域,为经济发展注入了动力。

《2017—2022 年中国企业经营项目行业市场深度调研及投资战略研究分析报告》表明,目前我国中小企业的数量占企业总数的 99%,已超过 4 000 万家,提供了大约 80% 的城镇就业机会,是解决就业问题的主力军。

阅读材料

当同学们还在为高考而努力奋斗的时候,小林已经看到了电商市场的发展前景,并决定以后进军电商行业。于是,小林在大学时选择了"电子商务"专业,并且在大学时还在一家规模比较大的淘宝女装店兼职做客服。大学毕业后,小林说服同校好友,两人开设了一个做女鞋的淘宝店。选择女鞋作为店铺主营产品,是因为小林家就在一个被命名为"鞋都"的地方,货源不用愁。

电商市场持续火热,且小林的产品物美价廉,慢慢地每天来小林的网店购买鞋的人越来越多,网店的成交量也越来越大。为了将网店做大做强,小林的网店逐渐增设了客服、网店美工、网店运营人员、选品人员等岗位。团队的成员大多是大学刚毕业的年轻人,这些年轻人很有干劲,刚刚踏入社会就对电商行业抱有极大兴趣。

如今,小林的网店从淘宝店升级为天猫店,从厂家选品进货到原创设计,开始走向电商创业的又一个高峰。从最初两个人的淘宝店发展为有近百人的电商公司,小林创业成功了。在小林看来,"创业"其实是"就业"的另外一种形式——通过一个平台,以创业者的心态去对待、去学习和发展自己的梦想,依靠自己的努力来实现这个梦想。

(四) 自主创业有助于实现自我价值

创业是大学生就业的有效方式,也是实现自我价值的有效途径。大学生通过自主创业,可以把兴趣与职业紧密结合,实现人生价值。创业者在创业中往往会面临许多困难与挫折,历经千辛万苦才能取得成功。因此,创业是一个锤炼意志的过程,是学习、提高、锻炼和自身发展的过程。创业成功,不仅个人可以获得利益回报,实现自我价值,而且还可以回报社会、为国家的繁荣做出贡献。

(五) 自主创业有助于促进我国高等教育理念与人才培养模式改革

传统办学的指导思想、培养目标与社会对人才的需求不匹配。因此,推进大学生创业是对我国的传统教育方式的一种挑战。

要全面推进大学生创业,就要从创业对人才素质的要求和建设创新型国家的需求出发,转变育人观念,对高等教育进行系统改革和创新,进行思想教育和人才培养模式的转变,以及改革教学内容、教育方法、课程设置及考试制度等。

(六) 自主创业是时代赋予大学生的历史使命

时代造就青年,时代呼唤青年。大学生自主创业有助于为国家造就一批年轻的企业管理人才,创业者将是我国未来经济发展的主力军,而大学生则是我国现在和未来创业的主体力量之一。

二、大学生就业形势对创业的影响

目前,对大学生而言,就业形势总体来说比较严峻。除了就业人数逐年增多之外,就业需求结构性的变化、热门专业与冷门专业的转换快,也是造成就业形势严峻的重要原因。

(一) 就业结构失衡,供给与需求矛盾突出

随着我国高等教育的不断发展以及国民对文化教育的重视程度不断提高,高等教育进入大众化时代。一些负面问题也随之产生,教育大众化要求普通高校进行大规模扩招,从而导致高校毕业生数量快速增长。自2011年以来,全国毕业生人数按照2%~5%的同比增长率逐年增长,2018年达到了820万人。这种数量级的快速增长对大学生的择业、就业造成了巨大影响,让大学生就业从精英化走向大众化,大学生已经渐渐失去高学历优势。

(二) 就业需求发生结构性变化

由于多年来社会经济的不断发展,导致各区域发展存在不平衡。东部发达地区、各省会城市、北上广热点区域等为大学毕业生提供了良好的生存环境和较好的发展前景,从而成为人才输入地,也是大多数大学毕业生首先考虑的工作目的地。在这些地区,人才竞争激烈,很多大学毕业生不能完成就业。同时,随着大学教育的普及,"精英"的光环在逐渐弱化,甚至消失,但对于一直"深居"象牙塔的大学毕业生来说,"精英"思想仍然束缚着他们的择业观念。大学毕业生倾向于选择科研机构、外资企业等,由于岗位数量有限,有些大学毕业生必然处于……待业状态。

(三) 热门专业与冷门专业转换快

学习的最终目的是致用,因此为适应社会发展的需求,学校教育也在不断改革,其专业与课程设置与社会的关联度不断加大。尽管教育改革在一定程度上缩短了学校与社会的差距,弱化了理论与实践之间的距离,但由于高校扩招面向的只是当下的社会需求和热点,而商机却是瞬息万变的,因此高校教育和社会需求之间仍可能存在脱节的问题。与此同时,某些相对冷

门的专业,如机械、技术工种等,虽然用人单位渴求技术人才,但是一些大学生即使专业对口,也因为"工作看起来不够体面"而拒绝这类工作机会。

(四)用人单位对学历的要求进一步提高

从近年各地专门针对大学毕业生举办的双选会来看,各单位纷纷提出对高层次人才的要求,形成了"研究生多多益善,本科生等等再看"的怪现状。虽然随着社会进步与高新技术的发展,一些行业中的岗位需要专业水平较高、素质较高的人才,但对于大多数侧重实际操作技能的岗位,研究生、本科生都是完全可以胜任的。从近年来的就业趋势看,这种"盲目求高"的风气可能还会持续一段时间,这在客观上对许多大学毕业生的就业造成了不利影响。

(五)学历高低与失业率高低成正比

经数据调查,研究人员发现了一个让人吃惊的结论:学历越高,失业率越高。从理论上讲,良好的教育对于就业有很好的帮助,但是实际情况却是,受教育越多失业的可能性越大。这是一种不正常的现象,而大学生对于就业的过高期望是导致这一现象的主要原因之一。

通过对大学生就业形势的分析,可以看到当代大学生的就业压力逐年递增。近几年,"就业难"的呼声不绝于耳。严峻的就业形势导致越来越多的大学生找不到合适、满意的工作。在这种情况下:一方面,国家鼓励大学生创业,"大力推进创新创业,以创业带动就业";另一方面,作为大学生也可以通过自主创业的方式来实现就业。

三、大学生创业的帮扶政策

最近几年,越来越多的大学生毕业后选择创业。事实上,国家现在已经出台了很多鼓励与扶持大学生创新创业的政策,各省区市有关单位和高校也积极开展了创业活动,这大大激发了大学生创新创业的激情。但只有激情是不够的,大学生由于缺乏创业经验,很容易盲目跟风而导致创业失败。因此,大学生在创业前应该好好积累职业技能、学术知识、人脉、经验和渠道等资源,并做好创业的心理建设,为创业做好全方位准备。

那么,国家出台了哪些扶持大学生创业的政策呢?为支持大学生创业,国家每年都会出台许多相关的政策方针,涉及税收、创业培训、创业指导等诸多方面,力图大力推进创新创业,以创业带动就业。对打算创业的大学生来说,了解最新的创业政策和方针有助于更好地走好创业的第一步。

(一)国家创业帮扶政策与措施

为促进高校毕业生以创业带动就业,更大限度地实现知识的产业化,国家相关部门出台了一系列的帮扶政策与措施。

1. 教育部出台的创业帮扶措施

2018年,教育部关于高校毕业生创业重点提出了"深化高校创新创业教育改革""落实创新创业优惠政策""提升创新创业服务保障能力"等措施。具体内容如下。

2. 人力资源和社会保障部出台的创业帮扶通知

《人力资源和社会保障部关于做好2018年全国高校毕业生就业创业工作的通知》中对大学生创业主要做出了以下指示。

(1)着力抓好就业创业政策落实。各地要坚定不移把政策落实作为2018年高校毕业生就业创业工作的主线。巩固基层就业主阵地,深入实施高校毕业生基层成长计划,统筹推进"三支一扶"计划等服务项目,加强政策引导和服务保障,鼓励高校毕业生到城乡基层、中西部地区、艰苦边远地区就业创业。加大宣传解读,开展"筑梦未来与你同行"高校毕业生就业创业政策宣传推介活动,用好报刊网络端等媒介,将各项政策打捆打包,广而告之,引导帮助更多高校毕业生熟悉政策,并运用政策。优化办事流程,拓展政策申请渠道,推进政策受理、审核、发放全程网上办理,提供一站式服务、"最多跑一次"等便利。健全落实推进机制,把督促检查贯穿政策落实全程,大兴调查研究之风,及时推动解决政策实施中遇到的困难和问题,使政策更好助推高校毕业生就业创业。

未来一段时期,中西部地区、二线城市会因为经济改革的辐射作用而提供更多的就业机会;但从中长期来看,在互联网经济、智能经济中,还是由东部地区、一线城市继续发挥引领和先导作用。在国家提出"大众创业、万众创新"、限制大城市规模,以及引导毕业生到中小城市就业等举措的大背景下,民营企业的吸引力将越来越大,大学生创业的比重会有所增加,公务员、体制内单位的用人需求,也会有变化,热度会稳中有降。

(2)着力推动创业带动就业。各地要抓住打造"双创"升级版的有利契机,集中优质资源支持高校毕业生创业创新。加大政策资金支持,落实好创业担保贷款、一次性创业补贴、场租补贴等扶持政策,支持有条件的地方设立高校毕业生就业创业基金,积极引入各类社会资本,多渠道助力高校毕业生创业创新。搭建交流对接平台,组织"中国创翼"创业创新大赛、创业项目展示推介、创业典型等活动,结合实际打造更多富有地方特色的创业品牌活动,为创业毕业生提供项目与资金、技术、市场对接渠道。

(二)地方具体优惠举措列举

随着大学生就业压力加剧,国家在"大力推进创新创业,以创业带动就业"的总体方针下不断改进与完善鼓励与支持大学生创业的相关政策。各地方根据国家的相关指示,结合当地的具体情况,制定了各具特色的大学生创业帮扶优惠政策,并对这些具体的优惠政策不断地进行调整、更新或完善,大学生可咨询当地政府或查询政府网站以获得当地当年的确切帮扶信息。

按照相关文件指示,各地方根据实际情况制定具体的大学生创新创业优惠政策,下面列举部分地方政府的大学生优惠举措,帮助大学生了解地方政府对大学生创业的支持包括哪些内容,以及具体涉及的支持范围和力度。

1. 北京市关于大学生创业的优惠政策

2015年,北京市教育委员会联合北京市财政局公布《北京高校大学生就业创业项目管理办法》,该办法自2015年9月1日起正式实施。与北京地区高校就业创业有关的3个项目,按照每个创新创意实践团队支持额度不超过5万元、每个新创企业或创业团队支持额度不超过20万元的标准进行补助。

另外,从2018年起,北京市继续扩大求职创业补贴发放范围。补贴的发放对象范围为北京地区各普通高等学校、各研究生培养单位的毕业年度内(即取得毕业证书年度的1月1日至12月31日)有求职或创业意愿的高校毕业生补贴标准为1 000元/人。

更多关于北京市高校大学生创业园、创业扶持政策及政策解读、就业创业指导等信息可在北京高校毕业生就业信息网查看。

2. 上海市关于大学生创新创业的优惠政策

上海市政府有关大学生创业的优惠政策如下。

(1)上海市大学生科技创业基金以投资资助形式,资助符合申请条件的大学生作为主要发起人创办企业。基金资助项目周期一般为两年,单个项目的资助金额一般在30万元以内。

(2) 上海市大学生科技创业基金会和上海市杨浦区中小企业信用担保中心共同发起上海市大学生新创企业信用担保基金。单笔担保贷款范围是 50 万元以内,期限为一年以内的流动资金贷款。

(3) 科技型中小企业技术创新基金是上海市政府的专项基金,对在初创期的小企业创新项目内设立的大学生创业项目给予引导和支持。创新基金以无偿资助方式支持立项项目,资助额度为每个项目 20 万~40 万元。

(4) 上海市各级劳动保障部门挖掘部分闲置房产,开发建设适合非正规就业劳动组织和小企业的开业园区。创业者不仅可以以较低租金进驻开业园区,还可根据所吸纳本市失业、农村富余劳动力的情况享受年度人均房租最高不超过 2 000 元、补贴期限最长不超过 3 年的开业园区房租补贴。

3. 湖北省关于大学生创业的优惠政策

2018 年,湖北省大学生创业扶持通过评审的项目最高可获 20 万元的资金扶持。申报的项目需在 2017 年 11 月 1 体前进行工商注册(或工商变更)登记,有固定的营业场所和较为健全的财务规章制度,吸纳 3 人(含 3 人)以上就业,签订劳动合同。申报的项目要符合国家产业政策、技术要求,市场前景景良好,具有带动就业能力。项目扶持方式包括资金扶持、导师辅导、跟踪服务。每个通过评审的项目将得到 2 万~20 万元的资金扶持,重点项目会配备一名创业导师,实行"一对一"的创业指导,大学生创业项目将得到创业培训、创业孵化、项目融资和政策咨询交流等服务。

(三) 部分大学生创业园区的基本情况

我国正处于经济高速发展的阶段,创业正是推进我国经济持续发展的一个重要因素。大学生创业者是创业大军中重要的一股力量,他们代表了新一代创业者的素质。通过创业还可以创造社会财富,缓解我国的就业压力,促进经济有效发展。

然而,现代大学创业教育的缺失和制度的束缚,阻碍了大学生创业前进的步伐。因此,大学生创业还需要社会树立有效的导向机制、鼓励机制和帮扶机制。在国家的帮助扶持下,部分大学生创业园区兴起,营造了支持大学生创业的社会氛围,提高了大学生自身的能力,有助于大学生创业成功。部分大学生创业园的相关情况及特点如表 2-1 所列。

表 2-1 部分大学生创业园的相关情况及特点

创业园	相关情况	特 点
浙商大学生创业园	浙商理念:"两低"优势——低门槛创业进入机制、低风险退出机制	连接了浙商资源和大学生创业群体
深圳大学学生创业园	每年投入 100 万元设立深圳大学学生创业基金	主要支持有市场潜力的科技创新项目以及在商业模式上有特色的项目
上海大学国家大学科技园	由孵化基地、市北工业园和莘莘学子创业园 3 部分组成	主要产业化方向为信息技术、新材料、生命科学、机电一体化和环境保护技术
湖南大学国家大学科技园	对于创业场所使用费、自主创业开办费和各类社保的补贴,享受优先获得担保贷款、全额补贴等政策扶持	以优惠政策为引导,以创业培训为支撑,以全程专业服务为手段,打造大学生创业、就业、企业和事业四位一体的示范基地

续表

创业园	相关情况	特点
杭州市大学生创业园（上城区）	联合中国美术学院建立大学生创业领导小组，成立大学生创业俱乐部，联合风险投资管理有限公司，创办上城区大学创业园	搭建大学生就业创业一站式服务窗口、网上一站式服务平台和审批绿色通道，从就业创业信息公开、就业创业技能提升、就业创业服务整合等环节解决大学生就业创业中遇到的困难
南京市大学生创业园	具有项目开发、风险评估、开业指导、创业培训、政策咨询、信息和融资等一系列创业孵化服务和相应的创业孵化扶持政策	可为入驻的新创企业提供人事代理、劳动保障、工商、税务、融资、信息和咨询等一站式服务

四、大学生创业的竞争力量

（一）竞争主要力量

大学生就业创业过程中的主要竞争对手有3个：研究生、留学生、工作经验丰富者如图2-1所示。

图2-1 大学生就业创业过程中的竞争

随着社会、经济的发展，我国产业结构升级是必然趋势，对受过高等教育人员的需求应该有比较大的空间。相比较而言，用人单位对在受过高等教育的人员中占绝大部分比例的大学生的需求量将会更大。

与上述3个主要竞争对手相比，大学生对用人单位的待遇、福利、工作环境等求职要求更低，更容易让用人单位接受。

目前，"大学生就业难"问题已引起社会各界的极大关注，社会舆论逐步向大学生倾斜。

（二）新加入者带来的压力

据统计，自1998年以来，我国大学生招生规模逐年递增，如图2-2所示为近年来我国应届大学生毕业人数。

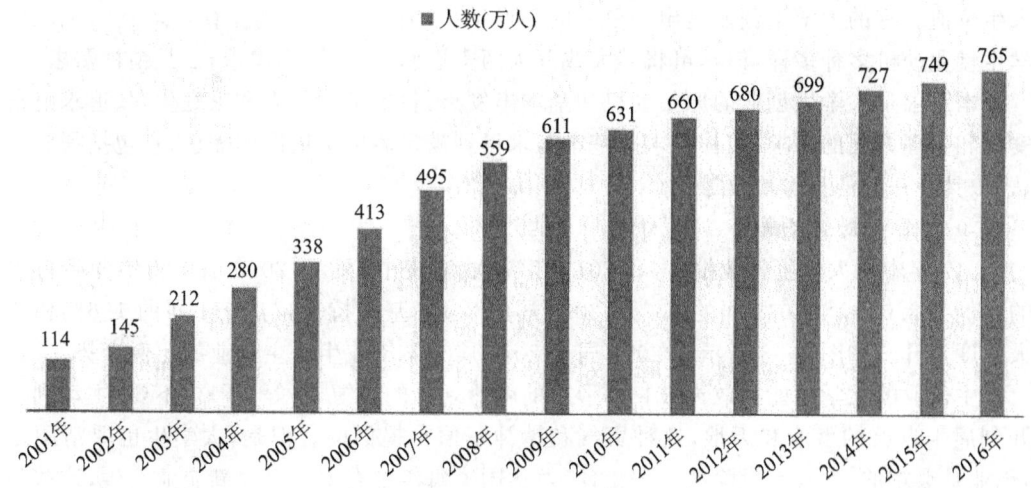

图 2-2 近年来我国应届大学生毕业人数

随着每年高校招生规模的继续扩大,以后每年应届大学生毕业人数都会持续增加,与此相伴随的是,大学生就业的竞争会越来越激烈。然而,在中国目前的教育体制下,考大学依然是绝大多数高中生的选择,这些后续的新加入者,让竞争更加激烈。

(三) 替代者带来的压力

研究生、留学生、工作经验丰富者的增加扩大了创业的难度,大学生不得不努力提高自己的综合素质,与研究生、留学生、工作经验丰富者展开竞争。竞争反映总况如表2-2所列。

表2-2 竞争反映总况

类 别	就业形势	相对竞争优势	相对竞争劣势
大学生	就业形势严峻,越来越多的大学生面临一毕业就失业的情形,每年待业人数都在增加	工作环境等相关要求较低	实践经验太少;眼界比较狭隘
研究生	研究生就业形势大不如前	专业素质较高	实践经验太少
留学生	自全球经济危机后,国外经济不景气,越来越多的留学生在国外找不到就业机会	见识比较广,对国外综合环境、国外先进的思想理念比较了解	实践经验太少;对中国现阶段的一些情况不太适应
工作经验丰富者	—	从业经验丰富	缺乏创新意识

五、大学生创业现状及面临的问题

尽管就业压力剧增,国家鼓励和大力扶持大学生创业,但大学生选择自主创业的人数占比还是很小。选择创业的大学生不管出于何种动机,都将面临创业的若干问题,比如能力不足、缺乏经验等问题,认识这些问题有助于大学生少走弯路,增加创业成功的概率。

(一) 大学生创业的动机

大学生的创业动机千差万别,有的人是为了维持生计;有的人是想发财致富;有的人是为了使个人和家庭的生活变得更富足;有的人是为了追求自由轻松的工作状态;有的人是为了实现人生价值。有的大学生创业是出于单一的创业动机;有的大学生创业存在多重动机。尽管大学生创业动机多种多样,但是可将其大致分为两个层面:一是基本需求,二是精神需求。

基本需求是大学生创业的原始动机和基本出发点,包括满足个人和家庭生存、追求财富以及安全和生理方面的需求;精神需求是基本需求得到满足后更深层次的需求,它包括得到他人的认可、具有一定的身份地位等。

(二)大学生创业现状

《2017年中国大学生就业报告》和2017年《就业蓝皮书》显示,2016届大学毕业生自主创业的比例为3.0%,与2015届的3.0%、2014届的2.9%基本持平,与2011届的1.6%相比有较大幅度上升。如图2-3所示为2011届至2016届大学毕业生自主创业的比例走势。

自主创业的大学生能勇敢冲破长期形成的就业观念的束缚,不等、不靠、不要,主动到社会上开创属于自己的事业和天地,这种勇气和精神是值得提倡的。但是,大学生也要清醒地看到,创业是艰难的,是具有风险的。据统计,发达国家每年都有上百万家新企业诞生,这些新企业能生存18个月的只有50%,能生存10年的仅有20%如图2-3所示。

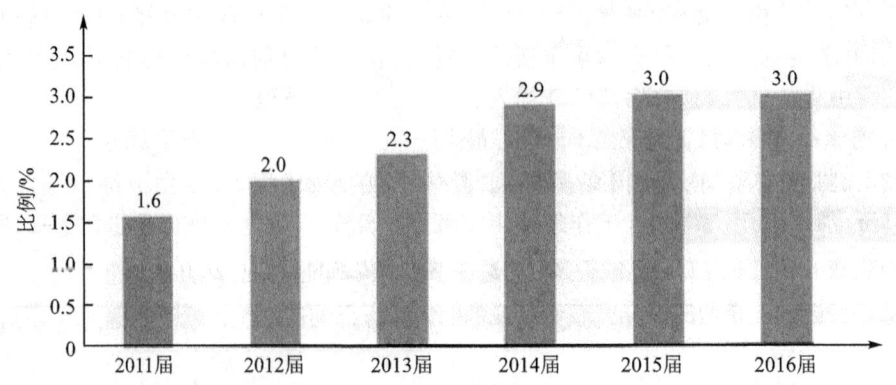

图2-3 大学毕业生自主创业的比例走势

据美国的一项调查显示,24%的新企业2年之内就关闭了;在6年之内,有63%的新企业彻底失败;而高科技企业生存10年的仅有10%。在我国,从国家市场监督管理总局的统计数据来看,每年新注册登记的各类企业(含个体工商户)平均生存期仅为4~6个月。

据各类权威机构统计,在浩浩荡荡的创业大军中,2011届至2016届毕业半年后自主创业的应届本科毕业生和大专生,创业3年后超过半数的人退出创业。另外,根据各类资料显示,大学生创业的成功率不足5%。历届大学生创业者都认为"缺少资金""缺乏企业管理经验""市场推广困难"是可能导致创业失败的3大风险。

创业因人、因时、因地而不同,创业成功取决于有丰富的社会经验和对市场的把握。如果前期对市场需求情况不了解,没有谨慎选择进货渠道,也没有对风险和竞争进行评估,创业将很难取得预期的成功。

第二节　大学生创业方法与途径

创业模式指创业者为保障自身的创业理想与权益而对各种创业要素的合理搭配,即创业的组织形式、营利方式以及行业选择等。大学生在分析创业环境和自身条件后,如果想创业且能创业,就需要选择适合自己创业起步的创业模式和领域。对创业者来说,选择一个适合自己的创业模式,可从小做起的DIY服饰店以省去创业过程中不必要的麻烦。

一、适合大学生起步的创业模式

选择适合自己的创业模式是创业成功的关键。创业的路径很多,创业者需要准确判断自身的优势和劣势,选择适合自己的创业模式,以化解创业过程中所遇到的不利因素。适合大学生起步的创业模式主要有以下几种。

（一）小微企业

大学生创业多数属于"白手起家",其创业是从无到有的过程,必须先学习经验,进行资本的原始积累,待条件成熟后,才能从小规模企业做起。这种方式是艰苦的,成功率也较低,创业者必须具备超强的耐压力。采用这种创业模式要想取得成功需要具备4个条件:广泛的社会关系、好的项目或产品、良好的信誉和人品、吃苦耐劳的精神。

阅读材料

大学毕业后吴琳没有马上找工作,而是开了一家DIY服饰店。开业前吴琳先查阅了相关资料,了解了一些相关信息后,她认为在当地开个小店会很有市场,因为当地目前还没有DIY服饰店,并且有几所高中和大学,学生是一个很大的消费群体。说做就做,吴琳开始筹资,在学校附近租了一家店面并进行装修,装修完成后小店便开张了。

吴琳将她的小店定位为"创意服饰店",客户可以根据自己的想法亲自动手做衣服,也可以将想法告诉她,让她代劳进行设计、制作。由于小店开在学校附近,周围的学生很多,他们对新鲜事物的接受能力和好奇心比较强,所以小店吸引了很多人。很快,吴琳就接到了第一笔订单——一对情侣制作一套衣服。

除了学生外,吴琳的小店还可以为一些商家或学校制作统一的制服或队服。然而,有一次为一家餐馆制作工作服时却发生了意外:当吴琳把该餐馆订制的50件衣服全部做好后,才发现衣服的领子上有个小洞,但是交货时间到了,衣服也不可能退回服装厂。抱着侥幸的心理,吴琳还是把这批衣服交给了餐馆,但第二天客户就上门质问她,说衣服有问题,要她给一个解决的办法。吴琳当时想:自己是要长久做生意的,不能因为这一次的问题给客户留下不真诚、质量不好的印象,这样以后还会有客户光临吗？可不能因为这一次的失误砸了自己的招牌。想通了这些,吴琳告诉客户,自己愿意赔偿他的损失,并免费为其重新制作衣服。

经过这次的教训,吴琳在之后的工作中更加仔细,以确保交到客户手中的衣服是完好的。并且为了给客户更好的体验,吴琳还配置了两台模拟机,使客户能够看到自己设计的样品。现在,在吴琳的精心经营下,她的小店面积已经从最初的2平方米扩展到了50 m^2。

（二）依附创业

依附创业模式包括争取经销权（做代理）、做指定的供应商（如配套与贴牌生产）、内部创业、特许经营（加盟创业）、网络创业等。

1. 代理创业

代理是一种很常见的创业方式。所谓代理创业就是借由其他公司的商品和品牌,自己用一个单独的平台来销售商品的创业模式。

现在很多厂商不是直接面向消费者进行终端销售,而是选择代理商后由各级代理商进行终端销售。因此,想要加入某厂商的市场体系,或是代理销售某厂商的产品,就必须找到合适的厂商。

很多厂商的业务区域划分和渠道体系并不是简单按照行政区划划分,这导致很多创业者找不到上一级代理商。遇到这种情况时,创业者可直接与厂商总部或其市场部门联系,也可以与那些将来不会同自己存在业务冲突的同级代理商联系,以便找到上一级代理商。

2. 加盟创业闯出新天地

加盟创业指采用加盟的方式进行创业,一般方式是加盟开店。加盟创业的关键是选择加盟商。因为加盟创业并不是根据创业者自己的产品、品牌和经营模式来创业,而是借助和复制别人的产品与经营模式,所以加盟商的质量好坏直接决定了创业者的创业前景。一般来说,选择加盟商应该从行业和品牌等方面进行考虑。

(1) 选择有活力的行业。只有有活力的行业才具有发展空间,才能提供持续的市场需求。目前较为活跃的加盟代理行业有很多,主要为家居建材、餐饮美食、服装饰品、汽车销售、汽车美容、洗衣、美容美体等行业。

(2) 选择有生命力的品牌。品牌是企业产品质量和内在品质的象征,一个好的品牌是受到消费者认可和推崇的,因此,创业者在选择加盟品牌时要有清晰的定位,以保障加盟店稳步发展与持续盈利。

阅读材料

黄莉还在上大学时就想开一家自己的小店,因此,大学毕业后她没有去找工作,而是决定自己创业。考虑到自身创业经验与技术等方面的不足,黄莉选择了加盟开店。在选择加盟项目的时候,她考虑了很多,如餐饮、服装、汽车、培训……最后,她选择了加盟某品牌饰品连锁公司。

该饰品连锁公司是一家饰品连锁零售公司,其核心竞争力是产品、渠道和用户。该公司的服务对象是13～26岁的年轻女性消费者,并针对这一年龄段消费者喜爱时尚装扮的特性,提出了"快时尚"的服务理念,产品的更新速度要能够跟上或超越客户的需求,时刻为客户提供新的产品。同时还提出了"平民时尚"的价格定位,让消费者能够以较低的价格购买到称心如意的产品,并斥巨资请明星做广告代言,以树立自己的品牌形象。

了解到这些信息后,黄莉不仅认可了该公司,还想分一杯羹。为了加深了解,她几次特地去该公司总部,在总部参与了系统的培训和学习。当她充分了解了饰品连锁店的经营模式后,便回到家乡拿出自己的资金开了一家加盟店。由于这种产品在黄莉家乡的市场上比较少见,竞争者少,有着众多的消费者,所以黄莉的加盟店在成立初期便有了很好的效果。虽然利润不是很高,但她还是凭着自己的能力开启了自己的创业之路。

如今,黄莉的加盟店在家乡小有名气,不少人纷纷效仿她的做法开始了加盟创业。然而由于黄莉加盟较早,经营的时间长,黄莉已经完全掌握技术与经营模式的精髓,并将其转化为自己的优势,让她在这一领域处于有利地位。

选择好的行业、品牌和加盟商固然十分重要,但创业者若就此止步不前、只想坐等收钱是万万不可取的。要想获得创业的成功,还需要创业者全身心地投入精力,扎扎实实地做好每个细节,将别人的经营模式转化为自己的东西。

3. 网络创业

网络创业就是通过网络来进行创业的,这是目前较新潮的一种创业方式,主要包括网上开店与网上加盟,通常适合于技术人员、大学生和上班族。调查显示,超过80%的网上创业者年龄在18~30岁。

随着互联网技术的发展,网络创业门槛大大降低,越来越多的人选择了网上开店的方式进行创业。前期投入少、创业成本低,这是大部分人选择网络创业的原因。进行网络创业需要注意以下几个方面。

(1) 选择合适的网络创业项目。与实体店不同的是,网络创业是一种看得着、摸不着的创业。消费者只能通过网络平台浏览产品的外观属性,不能实际看到或摸到产品。因此,选择合适的经营项目和产品是创业者首先需要考虑的。首先调查分析哪些是受欢迎的产品;其次分析其他卖家的经营模式;最后将其转化为自己独特的优势,只有这样才有可能在众多网络创业者中脱颖而出。

(2) 选择货源。网上开店的目的是盈利,而寻找物美价廉的货源能帮助创业者节约成本。一般可以从创业者所在地的批发市场或批发网站寻找货源,批发市场和批发网站上的商品比较多,品种、数量都很充足,给了创业者很大的选择余地。

(3) 物流。货物运输是网上开店的一个重要问题,要在较快时间内保证客户拿到产品并且保证完好无损。这要求创业者要找一家信誉好、价格合适的物流公司。

(4) 服务和售后。不管是实体店还是网店,服务态度都是十分重要的。与实体店不同的是,网店不能和客户面对面地交流,因此要特别注意网上服务的技巧,对客户要有耐心,不能怠慢客户,以免造成客户流失。

(5) 宣传和推广。网店的竞争比实体店更加激烈,因为客户可以在网络上搜索到相同产品的不同店铺,不受地域和空间的限制。创业者应做好店铺的宣传和推广,提高店铺的知名度和客流量。因此,对企业者来说,学习一些网络营销和网络推广的技巧是十分必要的。

阅读材料:网上开店卖饰品

"缘宝石"是一家珠宝饰品网上商店,它的成功开办源于一位大学生的奇思妙想。罗丹是某大学电子商务专业的大三学生,一次偶然的机会让他看到了珠宝饰品行业的前景和利润,于是他想到了加盟开店。但是经过珠宝公司业务经理的详细解释后,罗丹发现,房租、装修、加盟配货等费用加起来至少要十几万元的资金,而他只是一名还在上学的大三学生,到哪里去筹这么多钱呢?

当时正好是互联网发展十分迅速的时候,网上开店也逐渐兴起。罗丹想到,自己懂计算机,会上网,还有着专业的电子商务营销知识,别人能在网上开店,我为什么不可以呢?他对珠宝商说:"我现在没有足够的资金去开一家分店,但现在正是网上开店兴起的时候,我们可以合作加入这个潮流,把您的产品用网络推销出去。我先用相机把这些珠宝首饰拍下来,拿到网上去卖,当然您不必马上给我货源,我只是在网上放置这些产品的图片,好让顾客能够看到并购买这些产品。这样我不需要太多的资金,您也不需要担心货款的问题,这样一举两得的方法您看怎么样?"

罗丹的建议得到了珠宝商的同意,珠宝商当即就让公司产品部的员工带他去挑选放在网上出售的产品并拍照。这些产品图片的效果很好,和柜台中陈列的产品一样具有吸引力,放到网上不久便吸引了很多顾客来购买,就这样,罗丹的网上商店开始成功运营了。

经过罗丹的努力,店铺的业绩慢慢上升。为了让店铺的生意更加红火,他还精心策划了很多促销和宣传策略,主要有以下几点。

（1）在论坛、帖吧、博客或旺旺里发帖、跟帖,邀请别人去店铺参观。

（2）专门设计店标、签名和公告,购买精美的店铺模板,将网店打造成既时尚典雅又精美可爱的风格。通过美化店铺突出特色,他的网店给顾客留下了深刻的印象。

（3）给产品标明公司总部定的全国零售统一价,让顾客对价格情况一目了然,感觉物有所值。同时运用专业或精美的文字解说激起顾客的购买欲望。

（4）留意淘宝活动,符合要求的活动都参与报名。

（5）注意诚实守信,所有产品全部15天内免费退换货。

（6）与其他网店合作宣传,互相推荐店铺。

（7）定期赠送一些小礼品,并对购买产品的客户进行回访,将店铺名片和新的产品信息传送给他们。

不仅如此,罗丹还时刻关注整个电子商务行业的发展,根据行业和市场环境来改变自己的销售策略。在公司总部的支持下,罗丹不仅实现了自己的创业梦想,还帮公司总部开启了网上连锁专卖店。

需要注意的是,虽然网络创业对创业者的要求相对较低,但也需要创业者首先对电子商务感兴趣,其次还要具有经营该项目所需的客户拓展能力、专业技能和行业知识。例如,如果创业者选择加盟"爱姆意"网络营销店,就必须熟悉机电产品的专业知识、拓展所需的销售渠道并且掌握专业的销售技巧,只有这样才能经营好店铺。这是因为"爱姆意"所经营的产品品种繁多,小到几元钱的日光灯和电容器,大到上万元的机床。如果要想经营好店铺,就需要具备较强的专业性,否则即便有强大的品牌背景,经营不善或出现亏损的情况也在所难免。

（三）在家创业

在家创业,准确地说是创业者独立工作,不隶属于任何组织。该创业模式的优势在于创业者可自由安排时间,既能赚钱又能照顾家庭。例如:退休教师在家设立家教中心;大学生合伙从事玩具的邮购业务等。

据统计,我国的在家创业人数已经超过500万人,其中有70%的人大部分时间在家里办公,自由撰稿人、音乐家、画家、平面设计师、自由摄影师、美编、网站设计人员、网络主持等都是具有代表性的在家创业人员。

（四）兼职创业

兼职创业是在已有的工作基础上从事第二份事业。兼职创业要求创业者要根据自己的实际情况选择合适的兼职项目。

兼职创业的职位有高有低,需要根据创业者自身的能力或机遇而定。但不管创业者做什么兼职,都能够锻炼创业者的创业能力,并使创业者积累创业经验。同时,创业者还能获得一定的资金。这是在无须放弃目前工作的情况下,很好地为创业者提供了创业机会。

虽然兼职创业的规模一般较小,但仍然需要创业者像全职创业那样去尽心尽力地筹划,不能因为它不是正职,就把它当成业余爱好。除此之外,创业者还可以选择一些对时间要求不太严格的项目进行创业,如在线销售、虚拟助理、国际代理、设计、写作等。

阅读材料:从摆地摊变为创业者

何静的爸妈自他孩童起就教育他要独立,想要什么东西要靠自己的能力去争取。受这种教育的影响,他从小就有创业的梦想。上高中的时候,有一次何静在学校附近的广场散步,他发现很多人在放孔明灯,赚钱的想法应运而生。他到批发市场打探行情,得知一个孔明灯的成本才2元,而市场售价是10元,他想:"我便宜一点,以8元卖出去,还愁没有人买吗?"于是,他利用平时的零花钱进了一批货,到了晚上就摆地摊,一晚上就卖了10多个,他感觉轻松又有钱赚。

过了一段时间,孔明灯的热潮消退了,他又开始批发衣服来卖,晚上推着一个滑轮车在学校附近的小巷子里吆喝。刚开始的时候,生意不是很好,他就请同学帮忙宣传,每招来一个顾客,就给同学2元的提成,卖出去一件就给5元的提成。渐渐的生意开始好起来,不到一个月他就赚了1万元。

尝到赚钱甜头的何静干得越发卖力,高中毕业后他利用暑假的时间专门到广州和义乌进行市场调查,看到服装的利润空间和发展前景后,他筹集了15万元,租了一家店面开了服装店。当大学的录取通知书寄到他手里的时候,他又开始了和普通同学一样的学习生活。不过,他并没有将创业放下,而是进一步扩大业务,招揽了两名营业员帮他经营店铺,还说服厂商投资,成为他的合伙人。

(五) 互联网创业

互联网时代的来临为企业探求突破性的创新发展提供了思路、手段和条件,既是挑战,也是机遇。首先,互联网启发企业以网络式思维取代层级式思维,从而从根本上改变运营和管理的组织方式和资源配置方式,重塑组织内部的激励、约束机制,实现颠覆性的企业组织创新和管理关系创新;其次,互联网推动企业以信息技术创新生产方式、重组运营流程和再造管理决策,从而有效提高运营效率和响应速度,减少运营成本和交易成本;最后,互联网促进企业集成网络信息技术于传统产品和服务中,使产品和服务更加智能化、个性化。谁能抓住这些机遇,谁就能在新的时代背景下独占鳌头。

阅读材料:"饿了么"外卖App创业之路

"饿了么"最初是由上海交通大学的学生团队于2008年4月在校期间创办的"饿了么网上餐厅",2009年成立公司,并且在创业初期由团队成员使用电动车来送外卖。

"饿了么"主要通过加盟餐厅的后台管理系统和前台网站页面的年服务费、交易额提成、竞价排名费来营利。目前,"饿了么"网上订餐已经完成了F轮融资,在行业内与美团分庭抗礼。"饿了么"的创始人张旭豪将"饿了么"创业过程中的经验总结为3点:一是战略上从小处切入;二是小步迭代,不断满足客户需求;三是保持创业初心,适应市场的变化。

由于餐饮外卖这一行门槛低,颇受有创业梦想的人的关注,大学生创业典范"饿了么"外卖App成功之后,不少人也想通过这一模式开启创业路。实际上,"饿了么"可以作为成功创业的借鉴,是因为它有其独特性。要想在"订餐"业站稳脚跟并非易事,起步越晚,行业竞争越激烈,因为前期的宣传和优惠策略需要注入大量资金,这就注定了资金实力是重要的一环。资金主要来源于自主投资和外部投资,而要想受到外部资金的青睐,平台就需要具备自身特色和竞争力。

具备一定条件的大学生创业者可选择收购他人的企业,这是一种节省时间和成本的好方法,如接手店铺、专卖店等。但在收购之前,收购人必须先评估被收购企业的风险及优缺点,如设备是否陈旧、店铺地址是否适合经营等。

二、适合大学生的创业领域

大学生是一个比较特殊的群体,他们充满激情但缺少社会实践经验,因此并不是每一个创业模式都适合大学生。大学生在进行创业时,需要选择一些具有优势的领域来弥补自身能力的不足,充分发挥自己的能力,做到学以致用。如,对于专业较为普通的大学生来说,可以选择中介、加盟代理等方式进行创业,而对于具有个人专业特色的艺术设计、广告等专业的大学生,则可以以自由职业者的身份进行创业。

第三章 面向创新的创业机会发现与评估

谁能够敏锐地察觉到创业点子,并将项目变现,谁就能在行业内拔得头筹。当然,一个好的企业构思是否可行,往往需要进行细致的市场调研,通过详细的分析再做出最终的判断。机会就在我们身边,机会在每个人面前是平等的,在你眼中毫无价值的事物,在他人眼中却是赚钱的好项目,其关键就在于机会的识别,成功者之所以成功,很大程度上是因为他们有一双会识别商机的慧眼。而商机则需要通过自身的经验或有效的方法和途径进行判断。

案例导入:寻找创业机会,创造"复星"神话

"复星四剑客"分别是郭广昌、梁信军、汪群斌和范伟。在郭广昌的带领下,他们不断创造着资本神话。

复星把握商机有独到的眼光,每开辟一个新领域,都选择在行业低谷时进入。复星的"第一桶金"是1992年靠做市场调查赚到的,一年就赚到了第一个100万元。1994年,复星作为上海早期的房产销售商之一,当年就赚到了第一个1 000万元。1997年,复星主攻PCR试剂生产,生物制药业务又给他们带来了第一个1亿元。1998年,改制后的"复星实业"上市,随即募集资金3.5亿元。2001年,复星对豫园商城、友谊股份进行控股收购,真正将产业与资本对接。2002年,复星对建龙钢铁投资时,正处于中国钢铁行业的低迷时期,以及建龙自身的发展阶段,复星以极低的成本投资了建龙。2003年,复星投资德邦证券时,证券业也正处在低潮期,没人愿意购买。2004年,复星投资招金矿业,黄金价格也处在历史低点。这样的消费理念,也逐渐形成了复星人常挂在嘴边的"快半步"文化,就连复星的上海总部大楼,都是1999年买下的烂尾楼盘,当时的价格只有4 500元/m²。

"复星四剑客"成功的关键在于把握住了良好的创业机会。大学生要创业,首先要捕捉好的创业机会。把握住了每个稍纵即逝的创业机会,就等于成功了一半。现在国家出台了大量的创新创业扶持政策,我们正处在一个充满机会的年代。面对机会,有的人及时抓住,事半功倍,做出了一番成就;有的人却让机会溜走了,错失良机,只能仰望他人的成功。我们能否把握住机会,其中的关键在于对机会的识别和把握。只有善于发现商机,善于开创项目,找对创业的战略及技巧,才能让创业机会转化成功的实体。

第一节 寻找创业机会

做任何一件事情,除了靠天赋,还需要一定的机会,创业更是如此。寻找和识别创业机会是创业者应该具备的能力,一个好的"点子"就是一个好的创业项目,是创业成功的基石,它可以帮助创业者一步一步实现自己的创业计划。

一、创业机会的识别

什么是机会?机会就是你已经发现的东西中有价值的部分。当机会出现在你的身边,而你却没有识别并拥有它时,那么你会失去创业良机,因此识别机会非常重要。

创业机会识别是创业领域的关键问题之一。把握住了每个稍纵即逝的创业机会,就等于事业成功了一半。创业者要学会在机会出现之后进行识别筛选,促成创业机会的变现。创业者可以从以下几方面识别创业机会。

(一)创业机会的概念及其特征

创业机会是指在创业活动中能给企业和创业者带来营利性的客观存在的市场需求,是一种能够创造价值和利润的合法机遇。大量事实证明,要想成为一名成功的创业者,其关键就在于是否重视挖掘商机,是否善于透过事物的现象看本质,只有善择良机并当机立断,才能准确抓住拓展事业的绝好机会。面对机会,不同的人有不同的感受,只有正确认识创业机会的特征,才有助于对创业机会的识别和捕捉。创业机会具有以下5种特征。

1. 时代性

机会总是与时代紧密联系在一起的,具有鲜明的时代特征。时代是机会的土壤,好的时代像肥沃的土壤,孕育着大量的机会;而差的时代则像荒凉的土地,很少有成功机会的可能。寻求成功的人们,要紧跟着时代的脉搏,捕捉机会,只有这样才能创造更多成功的可能。

2. 风险性

机会带来利益的同时,也给人们带来投资风险。这是因为机会本身带来的是一种新兴的事物,需要物力、财力、人力等资源的投资,同时也需要一定时间的坚持与努力。

3. 隐蔽性

机会是一种无形的事物,人们只能凭感觉意识到它的存在,而无法用视觉看到它。机会往往隐藏在社会现象的背后,通常很难找到其踪影,需要人们细心敏感地去察觉。

4. 偶然性

机会在大多数情况下是偶然被捕捉到的。人们越刻意地寻找,很可能就越无法寻找到其踪影;然而在你毫无准备的时候,机会却突然出现在你的面前。由于机会的偶然性,也考验着人们的综合能力。

5. 易逝性

机会还有显著的特征——易逝性,表现为稍纵即逝和一去不复返,这就是"机不可失,时不再来"。虽然机会可能还会有,但同样的机会是极难再重来的。

(二)创业机会的来源

大学生需要通过有效的途径寻找创业项目。由于创业项目范围很广,就不得不运用可行的方法来发现适合于自身创业的项目,有以下几种途径可供参考:通过朋友介绍以及口碑效应;通过广告以及自己的了解;另辟蹊径发现创业新商机;通过创业咨询公司的分析与调查了解创业项目;通过网络、报刊、图书等发现创业项目。大学生寻找项目的方法多种多样,应该结合自己的实际情况,发掘各种创业项目的途径。

创业机会的识别与评估机会是创业过程中一个具有关键意义的阶段,许多很好的机会并不是突然出现的。尽管发现了创业机会,但这并不意味着要创业,更不意味着成功就在眼前。大部分创业机会仍然存在于传统行业中,工作经验也起到十分重要的作用,最好选择自己所擅长的。

有价值的创业机会具有四个主要特征。①有吸引力。创业机会总会带来市场需求,使创业产生盈利,因而受到创业者与投资者的追寻与青睐。②持久性。创业机会取决于市场变化,市场环境的变化是持久的,而创业机会客观存在于一定的市场环境之中,也是持久的。③及时性。创业机会产生于一定条件下,随着环境的变化而变化,消费者需求会发生转移,商业市场机会也会随之改变。为此,创业者必须及时地捕捉机会,科学地加以利用,以取得良好的经济效益。④客观性。无论经营者是否意识到,市场机会总是客观存在于一定的市场环境中。一个企业未能发现的机会,会被另一个企业捕捉和利用。因此,企业应积极从市场环境变化的规律中寻找机会。

(三)变化就是机会

彼得·德鲁克将创业者定义为能"寻找变化,并积极反应,把它当作机会充分利用起来的人"。古往今来,每一次创业热潮大多依赖于社会环境、市场环境的变化,社会环境、市场环境的变化势必带来市场需求、市场结构的变化,这就为识别创业良机带来契机。

创业者可透过这些变化发现新的前景。这些变化包括:人口结构的变化、产业结构的变化、个性化服务的追求、科技通信的进步、政策扶持、价值观和生活观念的变化、收入水平提高、消费升级等。例如:家庭收入提高,人们的娱乐活动要求则更加丰富多彩;"二胎"政策的开放为母婴市场带来了良机;人们推崇"快"文化,移动电商应运而生,蓬勃发展,同时带动了物流、在线支付等的发展;私人轿车不断增加,为汽车销售、维修、清洁、二手车交易等行业带来诸多创业机会。

(四)顾客的需求就是机会

从顾客身上觅得创业良机是一个亘古不变的规则,创业者销售的产品或服务,最终面对的是顾客。分析调研顾客的需求,从中可识别出创业良机。

想要从顾客身上识别良机,需要观察顾客的生活和工作轨迹。由于每个人的需求不同,创业者应将顾客分类,从顾客分类群体中研究各类人群的需求特点,如退休职工重视身体保健、家庭主妇重视子女的教育等。

(五)解决"负面"问题就是机会

"负面"问题指令人们"烦恼的事""困扰的事",这些都是市场需求的痛点。如果创业者能着眼于人们的苦恼、困扰,有效提供人们迫切希望解决的问题的解决办法,实际上就是找到了机会。因为搬家费时费力,就有了搬家公司的产生;双职工家庭没有时间照顾小孩,于是有了家庭托儿所;上班路途遥远,人们难得吃一顿舒适的早餐,焖烧杯就能解决这个问题。这些都是从"负面"问题寻找机会的例子。

阅读材料:牛仔裤的发明

你知道风靡全球的牛仔裤是谁发明的吗?第一个发明牛仔裤的人是李维·施特劳斯,他创立了享誉全球的著名品牌"Levi's",该品牌的产品至今仍深受人们欢迎。

1850年,"淘金热"席卷美国西部,淘金的美梦每个人都在做。20多岁的李维·施特劳斯也想去碰碰运气,于是,他凑足路费,去美国淘金。

当李维·施特劳斯到达美国旧金山后,他发现曾经荒凉的西部现在到处都是淘金的人群和帐篷。这么多的人蜗居在一个个帐篷里,能实现发财梦吗?他陷入深深的思考之中。

李维·施特劳斯为人机灵,他发现淘金者所在地离市中心很远,买东西十分不方便,于是他灵机一动,开了一家日用品小店。不出他所料,小店的生意很不错,来光顾的人络绎不绝,很快,他因此发了一笔小财。

有一天,他乘船外出采购了许多日用百货和一大批搭帐篷、马车蓬子用的帆布。由于船上旅客很多,那些日用百货没等下船就被人们抢购一空,帆布却无人问津。

李维·施特劳斯本来以为帐篷是人们的必需品,应该会很快销售一空,却没想到竟然无人理会,为此他感到十分沮丧。但是一位注视着帆布的淘金者为李维·施特劳斯带来了良机。该淘金者告诉他,自己不需要再搭一个帐篷,需要的是像帐篷一样坚硬耐磨的裤子,因为淘金的工作很艰苦,衣裤经常要与石头、砂土摩擦,用棉布做的裤子不耐穿,几天就磨破了。这位淘金者的这番话提醒了李维·施特劳斯。他想:如果用这些厚厚的帆布做成裤子,肯定又结实又耐磨,说不定会大受欢迎呢,反正这些帆布也卖不出去,何不试一试做成裤子呢?于是,他找来一个裁缝,让裁缝把这些既结实又厚的帆布缝制成各种不同尺码的裤子,向淘金的人出售。

1853年,第一条在后来被称为"牛仔裤"的帆布工装裤在李维·施特劳斯手中诞生了,当时它被人们叫作"李维氏工装裤"。到后来,一传十、十传百,这种本来是专门为淘金的人设计的劳动裤子,很快在美国西部流行开来,人们普遍接受了它。此后,这种裤子便拥有了"牛仔裤"这样一个新名字。

后来,经过对款式、颜色和布料的改进,李维·施特劳斯设计出了既结实又柔软、样式美观、穿着舒适的牛仔裤,牛仔裤开始在欧洲流行起来。1871年,李维·施特劳斯为自己的牛仔裤申请了专利,专门制作销售牛仔裤的"Levi's"公司从此成立。这家公司后来发展成为国际性的大公司,在世界各地都能看到其生产的牛仔裤。

从顾客的需求和"负面"问题中很容易觅得创业良机,但这需要创业者善于识别创业先机,然后通过实践、改进才能一步步走向成功。

二、创业机会的捕捉

（一）搜索地图

面向创新的创业机会可能来源于一系列广泛的刺激:知识推动、需求拉动、规则、对用户的洞察力、向其他领域学习等。在上述众多的可能性中,不是缺乏机会,而是机会太多。没有任何一个组织能够覆盖所有领域,因此对于如何从事搜索工作需要一个优先战略。创业者需要系统的而不是随机的方式来搜索机会,这种方式就是搜索地图。

（1）搜索地图的维度。

① 渐进性创新与突破性创新。搜索地图的第一个维度是创新的程度。我们在第一章提到,技术创新可以分为渐进性创新和突破性创新。实际上,产品、流程、定位、模式都可以取得渐进性或突破性的成果。

所有的新创企业,尤其是微型企业,都在试图从创意组合中找到平衡。他们中大多选择的是如何做得更好的渐进性创新。渐进性创新的一个好处就是可以从比较熟悉的、风险较低的一端开始前进。也许这种创新本身能够带来的收益有限,但其影响是累进的。与此对应,跨越式前进有可能带来更大的收获,但同时也有可能带来较高的风险。进入陌生领域就意味着不能完全确认前进的方向是否正确,需要试验而且还要承担这种试验大概率失败的后果。对于两种不同类型的创新,所采用的搜索工具也会不同。

② 旧认知框架与新认知框架。搜索地图的第二个维度是认知框架的变化程度。不同的组织通常会在如何行动方面共享一个通用的思维模型,遵循共同的认知框架。这种认知框架可以被看成是某种思维的"匣子",它一旦形成,个人和组织每天工作所需的结构、流程和工具就会受到"匣子"的约束。人们的未来创新也会强烈受限于既有规则,又突破"匣子"这种主导性的认知框架进行思考和工作是一件非常困难的事情。而且,这种工作方式和组织价值网络

中的其他成员(关键的竞争对手、客户和供应商)紧密联系,这些相关者又会加强主导性认知框架的作用。

尽管认知框架十分强大,但也不过是个人和组织认为世界如何运行的一种模型。从新的角度观察事物仍然是有可能的,也就是考虑新的构成要素,观察不同的事物,产生新的解决方案。而这些正是创业者在试图发现创业机会时要做的事情,发现机会的过程就是通过不同的方式观察世界的过程,机会就是用另外一种认知框架描述事物。当创业者看待事物的新方式成为普遍接受的方案时,他们就戏剧性地改变了认知框架的"游戏规则"。

在旧框架内,业内已有的参与者因为拥有资源、经验和强大的网络联系,往往拥有出色的业绩。也正因为如此,他们很难突破已有框架的束缚构建新的框架模型,就像一个醉汉在回家的路上丢失了钥匙,但他只在最近的灯柱下寻找,理由只是因为"这儿比较亮"。看似很可笑,但实际上"匣子"的力量往往比人们想象中的强大得多。问题是,那些来自突破性创新的微弱的早期征兆信号,如革命性的技术、完全不同需求的新市场、公众观念和政策的改变等,不可能在那些"光亮"的地方发生;它们都是来自黑暗之中。

"破坏性创新"的多项研究表明,创新的一个非常有趣的源泉是和主流活动无关的现有市场的边缘。当新的可能性出现时,公司往往缺乏能够发现并且响应创新的能力。"漠视本组织之外的创新"在许多组织中屡见不鲜,很多以创新能力著称的企业拒绝的新机会在事后看来往往非常重要。例如,IBM拒绝的PC,Yahoo搜索引擎。此外,公司将错误和失败看作机会需要相当的洞察力和勇气。例如,当3M的Viagra即时贴引入市场时,这种不黏的黏合剂最初被看作一项产品研发失败的废品,然而,它却开创了一个全新的细分市场。当类似这样的故事发生时,公司需要的不仅是运气,更是充分的准备。

(2)搜索地图的结构。综上所述,我们用纵轴表示创新的程度,用横轴表示认知框架的变化程度,构建出直角坐标系就得到面向创新的创业机会的搜索地图如图3-1所示。当然,现实世界中四个"区域"之间的界限并不是那么清晰,搜索地图所要表明的是:我们在不同的区域将会遇到完全不同的挑战,寻找合适的机会需要不同的搜索战略。

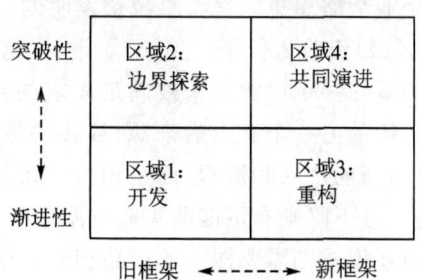

图 3-1 搜索地图的结构

(二)搜索战略

1. 开 发

区域1对应的搜索战略是"开发",这种渐进性的改善发生在稳定和共享的框架下。搜索的"惯例"是应用技术和市场方面公认的提炼工具、方法,拓宽与现有关键参与者的关系。例如,和关键供应商一起工作,靠近用户,建立战略联盟以高效传达创新。

执行这种搜索行为的主要是那些定义明晰的相关部门,如市场研究、产品开发等部门。由于需要和外部网络加强联系,采购等部门也可以像市场部门那样提供具有价值的搜索渠道。因为所要搜索的问题定义清楚并被广泛接受,非专业人士也有参与的可能。流程创新则可以通过吸收组织内部的渐进性的改进建议来获得。

这种类型的搜索对现有公司有利,因为其拥有组织和管理系统性搜索的资源。新创企业往往不具备覆盖所有领域的能力,因此区域1中的机会往往在于开发他人尚未发现的缝隙市场,那些被市场中的统治者或有绝对优势的企业忽略的某些细分市场。

2. 边界探索

区域2仍在已有框架内进行,包括搜索新的疆域、将已知前沿向前推进以及采用不同的搜索技术。此时,研发投入是一项具有高度战略潜力的巨额赌注,专利和知识产权战略的目标在于沿着现有关键技术路线(例如半导体行业的摩尔定律)扩展和保卫新的疆域。市场研究的目标在于通过贴近用户的设计、潜在需求分析等方式靠近客户。尽管这些行为是冒险的、实验性的,但在现有框架强有力的监控之下,仍被普遍接受。

上述探索行为要求组织架构高度专业化,需要按照科学技术分门别类、复杂分工的正式研发部门执行独自的功能,需要动员大学、公共和商业实验室的专业研究人员参加,需要围绕着特定领域的深度探索形成特别的战略联盟和合资公司。研究工作高度专业化的特征使得组织其他成员难以参与,这种鸿沟往往带来"运营部门""探索部门"之间的紧张气氛和资源之争。类似的,市场研究工作也因为高度专业化需要专业性中介机构的介入,这些机构的作用是针对某一前沿领域提供复杂的商业智能服务。

区域2对于创业者可能存在重大机会。拥有高度专业化知识资产的个体和新创企业,例如从大学拆分出的高科技企业,可能成为现有大型组织探索雷达屏幕上的亮点。这种对新创企业和现有企业都有利的共生模式普遍存在于制药、电子、软件、生物等科技行业。

3. 重　构

区域3代表重新构建,包括搜索可能产生新架构的空间,探索环境中各种要素的新排列组合。这往往是和环境中现有商业模式以外的元素,如金字塔底层、极端用户一起工作的结果。

"金字塔底层的财富"是企业战略思想家普拉哈拉德发明的一个词语。他认为世界人口生活在贫困线以下的大约有80%(每天收入低于2美元)。因此,这些人群并不能代表传统意义上的"市场"概念。但是将他们看作一个广阔的未被满足需求的蓄水池,将是创新的挑战和机会。寻找极端环境或用户是重构的另一个有力的来源,迎接挑战可以提供新的机遇空间。举例来说,廉价航空市场没有采用新的产品和流程,而是识别了市场中的新要素,那些现在还没有采用飞行交通工具,但价格一旦下降则有可能购买航空服务的人群,从而重新构建并创造了新的市场空间。而重新思考商业模式则需要深入的产品和流程创新,如在线预订、机场的高周转率、多种技能的员工等。

区域3往往对现有组织以外的创业者有利,因为他们能够用新的视角看待并构建世界。最重要的是,重构不一定是在核心产品或流程方面采用突破性创新推进技术前沿,它可以是更多地改变组合要素的方式。

4. 共同演进

区域4代表"混沌边缘"的复杂环境,创新在产品或流程的共同演进中逐步浮现。在这个区域,不同的要素相互影响,很难预测可能的结果。这种条件对创业者来说,除了意外出现和等待机会,或直到新的游戏规则完全出现之前,无路可寻。但我们可以借助于复杂理论的知识简略地了解这些情景,并且存在一些简单的规则帮助我们开展工作。

共同演进就是不同的要素相互作用从而形成特定的解决方案,就像自然界的冰晶形成雪花的过程。区域4中的创新生命周期(A—U模型)是开放的,在生命周期的流动阶段,技术和市场的新组合相互交织,创业者尝试不同的想法,最终在一片混乱中事先无法预测的主导设计出现了,于是决定了未来的创新模式。汽车和自行车就是简单的例子。

在这个复杂空间下工作的创业者需要了解以下几个方面规则:

① 越早越好。最初主导设计的信号非常微弱,局外人难以发觉。
② 活跃参与,准备试验。不存在正确的答案,但有很多可能性。
③ 为失败做好准备。在区域4工作是尝试和学习的过程,很多努力是无效的。
④ 留意系统中别人有可能发现的微弱信号并且放大那些有效信号。

此外,创业者要灵活应对复杂环境的运行,内心清楚此时没有既定的现有模式。这对那些抱有创业心态、准备好采用不同方式观察事物、充分利用新机会的人是有利的。在这方面可以仔细想想互联网是以怎样的革命性变革改变了人们的行为方式,尽管这个过程中很多人失败了,但仍为新机会的发现留下了足够的空间。

(三)创业机会搜索

挖掘商业创意是发掘创业机会的开始。天上不会掉馅饼,只要努力奋斗才能梦想成真。凡是能成为一名成功创业者的人,都是寻找商机的高手。所以,创业者要取得成功与发展,首先思想上必须重视寻找商机,千方百计地发现商机,并利用资源最大限度地抓住商机。有句话说作"愚蠢的人等待商机,聪明的人抓住商机,卓越的人创造商机",商机永远属于有准备的人。创业者可以从以下几个方面捕捉商机:

(1) 从身边的需求和问题中捕捉商机。创业的根本目的是满足顾客需求,寻找创业机会的一个重要途径是善于去发现和体会自己与他人在需求方面的问题或生活中的难处。

每个人的需求都是有差异的,如果我们时常关注某些人的日常生活和工作,就会从中发现某些机会。因此,在寻找机会时,应习惯把顾客分类,认真研究各类人员的需求特点。

(2) 从变化中捕捉商机。创业的机会大都产生于不断变化的市场环境中,这种变化可以包括政府政策的变化、人口结构的变化、居民收入水平提高、产业结构的变动、消费结构升级、价值观与生活形态的变化等方面。

(3) 从创造发明中捕捉商机。创造发明提供了新产品、新服务,在更好地满足顾客需求的同时,也带来了创业机会。如随着各种新式计算机被研发出来,计算机维修、软件开发、计算机操作培训、图文制作、信息服务、网上开店等创业机会随之而来。

(4) 从新知识、新技术的产生中捕捉机会。新知识、新技术的产生也带来了许多市场机会。例如,随着健康知识的普及和技术的进步,围绕着人体保健问题就带来了许多创业机会。

(5) 从重大事件和热点领域中捕捉商机。重大事件和热点领域中也孕育着无限的商机,创业者应关注新闻报道,以便从中寻找"灵感"。例如2008年北京奥运会的成功举办,不仅是中国在和平发展时期的国际地位提升和经济发展成功的标志,也使北京的"人文奥运、绿色奥运、科技奥运"三大主题所带来的无限商机,并促进着中国经济的发展。国家统计局有关负责人指出,北京奥运会开幕前投资人民币2 800亿元建设的场馆等配套设施,每年拉动中国经济增长0.3%~0.4%,增加200万个就业岗位。这为创业者提供了千载难逢的商机。

三、创业机会的评估

(一)创业机会的评估方法

定性、定量分析。定性分析侧重考虑：确定该市场机会所需具备的成功条件；分析创业机会所拥有的优势；公司所拥有的竞争优势；与本公司的发展方向和目标是否一致。定量分析主要是商业分析中的经济效益分析，对市场需求量的预测，其任务是在初步拟定营销规划的基础上，从财务上进一步判断选定机会是否符合企业目标。

(二)创业机会的评估准则

行业与市场、获利能力、竞争优势、管理团队、致命缺陷，要求分析顾客群体大小、预期获利能力。创业良机一定是适应市场的，创业时要尽量寻找空白与潜力市场，而市场机会的评估是整个创业过程中的关键步骤，做好市场评估有益于得到最佳的创业机会。

(三)创业机会的市场评估

创业机会的市场评估大致有如下内容：是否具有市场定位；专注于具体顾客要求，能为顾客带来新的价值；依据创业机会的市场评估机构做出的评估，分析创业机会所面临市场的规模大小；评价创业机会的市场参透力；预测可能取得的市场占有率；分析产品成本结构等。

(四)创业机会的效益评估

创业机会的效益评估主要包括四个方面：税后利润至少高于5％；达到盈亏平衡的时间应低于2年；投资回报率应高于25％；资本需求量较低。

四、创业"点子"的开发

有些大学生有一定的积蓄，想创业、渴望创业，却苦于没有合适的项目，但实际上是因为他们没有识别出创业的机会，所以接下来介绍一些创业"点子"的开发方法。除了在市场变化、顾客需求中识别创业机会之外，大学生创业者还可以通过一些方法和途径开发、创造创业"点子"，寻找到合适的创业项目。

(一)创业"点子"的来源

很多人想创业，他们绞尽脑汁地思考自己创业应该做什么，从事哪个行业，卖什么产品和服务，但往往毫无头绪。其实，创业的"点子"与构想来源极多，有时需要创业者苦苦探索，有时创业的"点子""从天而降"。归纳起来，创业的"点子"主要有以下4个方面，创业者可将其作为创业参考，寻找创业"点子"，开发创业项目。

(1)趋势潮流型。趋势潮流型是常见的一种创业"点子"来源，追随新趋势、新潮流，如移动电子商务渐成气候时，网上开店成为潮流。

(2)创新改良型。是指通过创造发明提供新产品、新服务，或针对现有的产品与服务，重新设计改良。比如新兴产业出现之际，就有很多新的产品与服务，能为创业者提供许多创业机会，引发创业热潮。

(3)研究型。研究型创业"点子"是需要创业者通过系统的研究和分析，才能发现的创业机会。比如通过解决顾客的问题获得创业"点子"。

(4)偶然型。偶然型的创业"点子"通常是机缘巧合而得，如随机发现的好创意和构思。

(二)发现创业"点子"的方法

1. 经验法

利用经验去开发创业项目和建立企业构思对大学生创业者而言是一种简单有效的方法。

首先,创业者可以利用自己与企业或顾客打交道的经历,或通过他人与企业或顾客打交道的经历开发出创业"点子",从顾客的抱怨和不满中体察出创业良机,产生好的企业构思,开发满足顾客需求的产品和服务。

其次,创业者可以从有过创业经历的朋友、同学或师长口中打探一些好的创业"点子"和企业构思,特别是一些优秀的创业者,他们拥有非常丰富的阅历和经历,具有独特和敏锐的眼光,从他们的经验之谈中创业者往往能找到适合自己的项目。

2. 调查法

通过调查法开发创业"点子",重点在于调查居住所在地和希望创办企业所在地的其他企业。可包括如下几个调查方向。

(1) 周边有哪些类型的企业?哪种类型的企业多?哪种类型的企业少?这些企业的产品和服务是什么?

(2) 周边人群的消费水平和消费观念是怎样的?他们更愿意到哪些地方进行购买和消费?

(3) 周边除了现有的企业,还有哪些潜在的企业具有发展前景?

调查周边企业和顾客是为了摸清哪些创业"点子"值得开发,自己的创业项目是否有生存和发展的空间。比如周边的建材市场特别突出,售卖灯饰、门窗、墙饰、地板等,那么就可以记录卖灯饰的、卖门窗的、卖墙饰的和卖地板的商铺各有多少家,它们的经营状况如何。如果卖灯饰的生意特别火爆,可以考虑同样售卖灯饰,瓜分客源;若是卖灯饰、墙饰的商家特别多,就可以考虑在它们的旁边售卖地板,因为如果顾客装修房子,那么他们在购买灯饰或墙饰之后,往往还需要购买地板。

随着互联网的发展,在网络中就可以搜集到很多好的企业构思,创业者在其中可以筛选出适合的项目,然后通过实地调研做出进一步的判断。另外,若是当地电视台有创业栏目,创业者可以时常关注收看,以便发现好的企业构思。

3. 头脑风暴法

运用前面学习的头脑风暴法思维方式构建企业构思,也是开发创业"点子",寻找创业项目的一种常用方法。创业者可以选择一种自己感兴趣的产品,或是自己考虑好即将创办企业的一种产品,然后按制造线、销售线、服务线和副产品线4个方面,用头脑风暴法想出尽可能多的相关企业,如表3-1所列为企业的构思。

表3-1 企业的构思

产品	制造线	销售线	服务线	副产品线
	(与该产品制造相关的企业)	(与该产品销售相关的企业)	(与该产品服务相关的企业)	(与该产品的副产品间接相关的企业)

所谓学以致用,我们同样可通过发散思维、逆向思维、水平思考法等创新思维来开发创业"点子"。

五、创业机会的期望价值

（一）"机会之窗"的内涵

创业好比冲浪。优秀的冲浪者常常能够找到大浪，并站在大浪的"浪尖"引领浪潮。同样，创业者倘若希望抓住创业的"风口"创下一番伟业，就需要去分析创业浪潮起落背后的规律，并要牢牢抓住机会。这个"浪尖风口"就是所谓的"机会之窗"。

很多产业发展需要很长时间的酝酿，才能真正成为一个比较大的"机会之窗"。不过对于一个具体的创业机会，其存在的时间可能是短暂的。蒂蒙斯在其著作里描述了一般化市场的"机会之窗"。选择那些"机会之窗"存在时间长一些的市场机会，创业企业可获利的时间也长，取得成功的概率也大。

（二）"机会之窗"的产生原因

从宏观外部环境来说，以下4个方面的变化会产生"机会之窗"。

① 新技术的出现。例如，过去20年我国的通信、互联网和交通方式的变化，深刻地影响了人们的生活、工作等方面。

② 产业结构的变化。例如，20世纪70~90年代，计算机产业结构从垂直一体化到横向结构的演变，导致一批老牌IT企业的消亡（如王安电脑），同时也诞生了一批新兴的IT巨头，如微软、英特尔、思科公司等。过去10多年来，我国电子商务的快速发展，使传统的零售百货业面临重大冲击，很多企业退出或被迫转型。

③ 政策管制的改变。如今我国的经济发展面临越来越严峻的资源约束和生态环境压力，我国政府所提出的"建设资源节约型、环境友好型社会"有了更大的现实压力、更合理的具体制度安排和实施动力。同样的，我国政府提出要建设创新国家，希望我国的发展更多依靠创新驱动，更多依靠科技进步来实现，而不仅简单地依靠低廉的劳动力成本、资源投入和投资。国家实行了一系列的财政和税收政策，这当然也为创业者带来了机会。

④ 社会、人口统计特征的变化。社会、人口统计特征的变化会改变整个市场对产品或服务的需求，同时需要相应更有效地满足顾客需求的方法。例如，过去40年，我国城乡结构发生了巨大变化，大批农业人口转化为非农业人口或进城从事非农业工作，这也为教育、房地产等行业带来了巨大机会。近些年来，我国老龄人口比重不断增加，未来较长时间内这个压力还会进一步增加。如何实现老年人的老有所养、老有所学、老有所用和老有所乐，既是我国社会发展面临的一大挑战，也提供了大量的创业机会。

（三）"机会之窗"长短的决定因素

"机会之窗"的发展过程就是创业机会的生命周期。这个周期的长短主要取决于如下几个方面因素：

① 限制其他创业者模仿的机制。如商业秘密、专利保护或垄断合同，这些都可以延长机会的生命。

② 减缓信息扩散的速度或他人在认识信息方面存在时滞，特别是如果时间能提供强化优势（如采取技术标准或存在学习曲线），也可以延长机会持续的时间。

③ 如果其他人无法因为各种隔离机制的作用而模仿、替代、交易或获得稀有资源，也可以减少过剩，延长机会的持续时间。

(四)"机会之窗"的迁移

① "机会之窗"会在不同的产业之间迁移。技术的发展和需求的变化会导致新兴产业的发展,新兴产业在快速发展阶段,会出现大量的创业机会。产业走向成熟,产业中的创业机会就会很少;产业进入衰退阶段,就会有大量企业退出。例如 150 年前,钢铁是新兴产业,匹兹堡发展成"钢都";100 年前,汽车是新兴产业,底特律发展成"汽车城"。后来,由于相关产业的衰退,这些城市只能进行产业调整或转型。

② "机会之窗"会在相同产业的不同区域之间迁移。有的地区由于出现了新的优势,如新的技术和商业模式、土地和劳动力成本优势、关键性人才流动、制度环境变化等形成了产业集群的迁移,完全可能后来居上,就会有更多的相关创业机会。例如 1910 年纽约是美国绝对的电影中心,好莱坞只有一家邮局、一家报纸、一家旅馆和两个市场,居民数约为 500 人;但是,从 1921 年开始,好莱坞取代纽约成为美国电影中心。20 世纪 50 年代初的时候,如今的美国硅谷还是"大樱桃谷",该地区的农业总产值超过其工业总产值,这个地区发展的背后是过去几十年全球信息产业的快速发展。

③ "机会之窗"会在产业的不同价值链环节之间迁移。产业发展过程中,产业规模不断扩大,而规模经济导致专业化分工和模块化分工,需要不断完善价值链。此时,预测和判断"机会之窗"的关键在于寻找那些产业发展"瓶颈"的价值链环节。

阅读材料:我国互联网产业:"机会之窗"的迁移

1993 年美国正式提出"互联网信息高速公路"的概念。1994 年我国正式接入国际互联网。要发展互联网产业,首先得有互联网。1994 年亚信创建,曾经有一段时间,它建设了我国互联网基础设施中的 60% 左右。亚信于 2000 年在美国纳斯达克上市。

有了"互联网信息高速公路"就需要互联网接入服务。1995 年瀛海威诞生,作为互联网服务提供商,其在中关村大街上树立的广告牌——"中国人离信息高速公路还有多远?向前 1 500 m!"曾经引起了社会各界的广泛反响。

进入"互联网信息高速公路"后,具有信息导航功能的"门户网站"成为非常重要的机会。1997—1998 年,当年我国互联网的三大门户网站——网易、新浪、搜狐相继诞生,并三家企业都于 2000 年在纳斯达克上市。

门户网站类似于"大卖场"。随着互联网用户需求的逐渐细化,陆续出现了各种 B2B、B2C 和 C2C 等更加专业的,类似于"专卖店"的垂直门户网站。2003 年爆发的"非典"使人们不愿意接受面对面的服务,电子商务迅速发展,引发了企业、商家的服务和交易方式的变化。

网络信息越来越繁杂,如何准确、快速地找到所需要的信息成了一个大问题,做搜索引擎服务的百度在 2000 年应运而生,其于 2005 年在纳斯达克成功上市。

2010 年,随着在线支付的逐渐成熟,美团、大众点评等团购网站如雨后春笋般的出现,走在了电子商务的前沿地带。2012 年,伴随着移动终端价格的下降及 Wifi 的广泛铺设,移动互联网呈现井喷式发展。

六、创业机会的评价

(一)基于创业者视角的评价

(1)创业者与创业机会的匹配。不管创业机会是创业者自己识别到的还是他人建议的,也不管创业机会是偶然发现还是系统调查发现,兴奋之余,应该首先问自己的问题是:这个机会适合我吗？为什么应该是我而不是别人开发这个机会？

并非所有机会都适合每个人，一位资深律师可能因为参与一场官司而发现了一个高科技行业内的机会。但是，他不太可能放弃律师职业而进入高科技行业创业，因为他缺乏必需的技术知识和在高科技行业内的人脉。换句话说，即使看到了有价值的创业机会，个体也可能因为没有相应的技能、知识、关系等而放弃创业活动；或者把机会信息传递给其他更合适的人；或者是进一步提炼加工机会从而将其出售给其他高科技企业。当然，创业活动往往不会拘泥于当前的资源约束，创业者可以整合外部资源开发机会，但这需要具备资源整合能力。

并非所有的机会都有足够大的价值潜力来填补为把握机会所付出的成本，包括市场调查、产品测试、营销和促销、雇用员工、购买设备和原材料等一系列与机会开发活动相关的成本，还包括为创业所付出的时间、精力以及放弃更好的工作机会而产生的机会成本。研究发现，创业者的创业机会成本越高，所把握的创业机会的价值创造潜力也就越大，所创办的新企业的成长潜力也更高。

（2）创业者对创业机会的初始判断。认定创业机会适合自己，还要对创业机会进行评价。创业者对机会的评价来自他们的初始判断，而初始判断简单地说，就是假设加上简单计算。蒂蒙斯教授认为机会应该具有吸引力、持久性和及时性，是具有如下几项特征的构思：对消费者具有吸引力，能够在创业者的商业环境中实施；能够在现有的机会窗口中执行；创业者拥有创立企业的资源和技能；知道谁拥有这些资源与技能并且愿意与创业者共同创业。

创业者对创业机会的初始判断，有时看似简单的不可信，但也经常奏效。机会转瞬即逝，如果都要进行周密的市场调查，有时会难以把握机会，或者有时会在调研中发现很多困难，最后反而失去创业的激情。

（二）基于系统视角的评价

系统评价类似于大公司开展的可行性论证分析。在系统评价创业机会时，不能事事都强调依据，过分强调证据，容易把困难放大，弱化创业者承担风险的勇气。

（1）蒂蒙斯创业机会评价指标体系。蒂蒙斯教授提出了比较完善的创业机会评价指标体系，认为创业者应该从行业和市场、经济因素、收获条件、竞争优势、管理团队、致命缺陷的问题、个人标准、理想与现实的战略差异8个方面评价创业机会的价值潜力，并围绕这8个方面形成了53项指标。

（2）通过市场测试评价创业机会。市场测试类似于实验，不同于市场调研，一般市场调研关心的是顾客认为他们想要什么，市场测试却能获得更精确的顾客需求数据。因为测试是站在一个和真实顾客互动交流的位置上了解顾客的要求，能观察到真实的顾客行为，而不是通过提出假设性问题来估计；测试还可以意外发现一些突如其来的顾客行为，一些以前可能没有想到的问题。

市场测试是指评估消费者对创意和商业概念的反馈。产品开发的早期阶段需要对创意进行检测，以确定后续是否有必要继续进行探索。对概念和产品的检测，有助于了解消费者对创业想法和原型的反应，获取有关用户的满意度、购买意愿以及下一步创意开发可行性的信息。由于测试是一项处于产品和服务开发早期阶段的工作，通常需要较少的资源，所以项目的早期阶段往往高度关注测试和假设验证工作。测试的结果包括获知完善产品和服务特性的信息，进一步明确产品和服务的定位，明确开发的经济成本，以及其他关键角色信息。

在产品开发领域，为了给资源配置和产品提供信息并推动开发阶段顺利渡过"模糊前端"，需要针对新产品开发设计一套概念生成、检测和选择的流程。通过对各种产品属性的重要性、消费者价格敏感度和其他问题的定量分析，概念测试有助于降低不确定性，帮助设计者权衡和优化产品特性水平。在实践中，概念测试的目的是在打算对产品进行大幅投资之前，预测消费者对这个产品创意的反应。

因此，创业者需要遵循"创建—测试—学习"的步骤，步步为营来检测创业机会的愿景，目的是快速获取重要的顾客信息，通过迭代性的进程推动商业概念以及最终的商业模式得以奏效实施。一个非常经典的例子是X光磁场系统，它就是根据这一思路假定项目进度：首先用1天时间建立一个虚拟模型；其次用3天时间构建一个真实模型；然后接着再用5天时间进行设计迭代；最后用15天完成初始装配。

第二节 创业项目的选取和评估

一、创业项目的选取

事业成功取决于两个方面的因素：主观努力和客观机遇。大量的事实表明，创业者善于把握商机是创业成功与发展的关键所在。大学生如何才能捕捉到好的创业机会，选择最好的创业项目呢？

想要捕捉到好的创业机会，选择最好的创业项目，要遵循以下创业项目选择的基本原则。

（一）选择国家政策扶持的行业，并具有发展前景的行业为原则

大学生创业只有激情是远远不够的，还要有理智的头脑。在创业之前，就必须先要知道国家目前在扶持、鼓励哪些行业发展；哪些行业是允许创业的；哪些是限制的。创业者选择国家政策扶持、鼓励的行业，对于企业日后的发展也将起到十分重要的作用。结合创业所在地，当地政府出台的优惠政策、发展政策，挖掘具有发展前景的行业，可以增加创业的成功率。

（二）充分了解创业的客观环境的原则

想要创业，就要充分了解创业所在地的客观环境，包括社会、经济、人文环境，要认真分析当地的发展政策、消费环境、市场竞争强度、人文特点等。深入考察创业环境能够帮助创业者开阔视野，敏锐捕捉到市场机会，增强项目选择的合理性。

（三）充分发挥自身特长与资源优势的原则

创业者在选择项目之前，应该对自己的状况有一个清楚的认识和判断，如自己的优缺点、自己的兴趣和爱好、自己有哪些专业特长和从业经验、个人社会关系如何、经济实力怎么样等。对自己情况分析越透彻，就越容易找到扬长避短并适合自己的创业项目，越能提高创业的成功率。

同时，看清自身的状况，审视创业环境之后，应从中甄选出重点利用开发的资源，其中要做到自有资源优先，如专业技术、行业从业经验、经营管理能力、个人社会关系、私有物质资产等。自有资源的取得和使用成本较低，也容易使项目获得优势。

（四）认真做好市场调研，挖掘市场需求的原则

创业者必须懂得，要确保创业的成功及新企业长盛不衰，创业项目的选择就必须以市场为导向，必须要从社会需求出发。要想知道社会需求，就必须进行市场调研。在正式实施创业项目之前，要有目的有计划地做好市场调查，对市场需求进行深入的研究分析。例如，顾客的消

费特点是什么？顾客的构成特点是什么？当地该产品的年销售总量是多少？顾客数量在增加吗？顾客数量稳定吗？什么地方最适合经营？需要多少流动资金？把所有的问题列出来，做成清单，通过调查研究逐个解决。

（五）量入为出，从小做起的原则

在创业行动之前，不少创业者对未来充满激情，于是创业时必须考虑的财务问题往往被忽略，最终发展前景很好的项目却因资金周转困难而中途夭折。若拿着自己的血汗钱或者借钱创业，就应该尽量规避风险较大的创业项目，用为数不多的资金投资到风险较小，规模较小的创业项目当中，积少成多滚动发展起来。

（六）创新与特色的原则

创新是企业的生命，也是创业成功的关键。创新的概念是世界著名经济学家熊彼特提出的，他将其定义为"企业家对生产要素的重新组合"，它包括以下情况：开发新产品或改造老产品；开辟一个新的市场；采用一种新的生产方法，获得原料或半成品的新的供给来源；实行一种新的企业组织形式。

对创业者来说，创新更具紧迫性和重要性。主要有以下几个原因：刚开始创业，投资较小，容易进入行业领域，但是竞争十分激烈，只有创新才能在产品和服务上形成竞争优势。坚持创新与特色的原则，就是要力求做到"人无我有，人有我优，人优我专"。

二、创业项目的可行性分析

当你具备创业的知识和能力，并有好的企业构思后，即可使用 SWOT 分析法对创业项目的可行性进行分析。SWOT 分析法可以帮助你分析企业构思可能存在的优势和机会，以及可能存在的问题和威胁，帮助你判断创业项目的设想是否可行，以及建立的企业是否具备竞争能力和盈利能力等。

（一）什么是 SWOT 分析法

SWOT 分析法是对企业自身的优势（Strengths，S）、劣势（Weaknesses，W）以及外在的机会（Opportunities，O）和威胁（Threats，T）进行分析判断的方法。因其兼顾内外因素（S、W 为内部因素，O、T 为外部因素），所以能够很好地将企业内部环境和外部环境有机结合起来，SWOT 分析方式如图 3-2 所示。

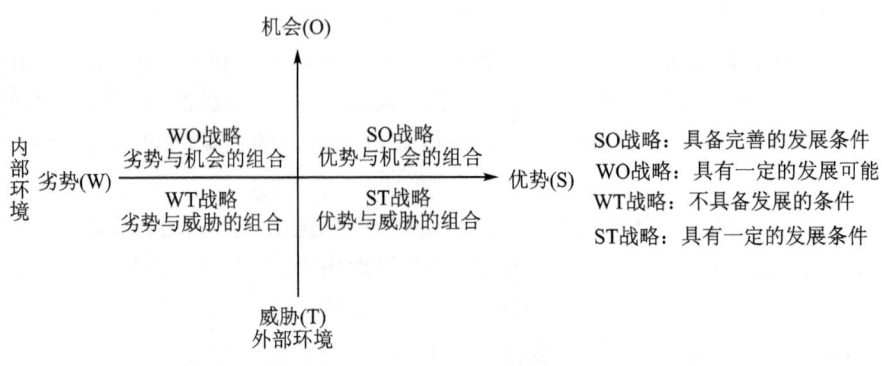

图 3-2 SWOT 分析方式

优势和劣势是存在于企业内部的可以调整的因素。

(1) 优势:优势是指创办企业有利的因素。如创办企业的资金充足、资源更丰富、价格比同行更低、员工素质和技术更好等。

(2) 劣势:劣势是指创办企业不利的因素。如知名度不如竞争对手、自己的阅历没有其他创业者丰富、促销方式不佳、产品类型少等。

机会和威胁是存在于企业外部的自己不能加以影响的因素。

(1) 机会:机会是指外部环境存在对创办企业有利的因素。如行业政策扶持力度大、周边入驻了新小区、人流量增大等。

(2) 威胁:威胁是指外部环境存在对创办企业构成潜在威胁的因素。如周边有新的企业加入、原材料价格上涨等。

(二) SWOT 分析法的运用

SWOT 分析法可以分为两部分:第一部分为 SW,主要用来分析企业自身条件;第二部分为 OT,主要用来分析外部条件。利用这种分析方法,可以从内外条件的优劣势中直观地找出对创办企业有利的因素,以及对创办企业不利的、应避免的因素。这样可以快速地发现机会与优势的契合点,对契合点进行相应的分析,明确企业以后的发展方向。

总的来说,这种分析方法在实际运用中具有明显的科学合理性,因此,可以将分析结果作为企业决策的主要依据。

根据 SWOT 分析法的分析结论,还可以将问题按轻重缓急分类,将这些需要研究的对象一一列举出来,依照矩阵形式排列,然后用系统分析的方法把各种因素组合起来进行分析如表 3-2 所列。通过综合分析,可以帮助大学生创业者从中得出具有决策性的结论,从而实现从企业构思到企业创办的变现。

表 3-2 SWOT 矩阵分析表

存在的优势(S)	存在的劣势(W)
①	①
②	②
③	③
④	④
⑤	⑤
⑥	⑥
实际的机会(O)	潜在的威胁(T)
①	①
②	②
③	③
④	④
⑤	⑤
⑥	⑥

创业者在创办企业的决策中,应该对企业构思进行细致的 SWOT 决策分析,清楚企业的优势与劣势,并分析和评估企业面临的机会与威胁。

在进行项目的可行性分析时,可参照以下4个方面。

(1) 正确评估企业的优势和劣势。

(2) 找出企业面临的机会和威胁。

(3) 列出企业下一步的工作目标。

(4) 列出企业下一步的工作计划。

如果企业构思是SO型,优势和机会并存,说明企业构思是可以实施的;如果企业构思是WO型或ST型,有机会却存在自身的劣势,或具备优势条件但存在威胁,可考虑修改和完善原来的企业构思,尽可能改变劣势和避免威胁;如果企业构思是WT型,只有劣势和威胁,那么说明这个企业构思是不可行的,可考虑放弃这个项目。

阅读材料:运用SWOT分析法评估项目的可行性

小王是2018年的应届大学毕业生,他想在家乡办一家肉牛养殖场,因此,他对周边现有的同类养殖场和顾客的需求做了相关调查。为了让自己的创业项目能顺利推进,他还使用SOWT分析法对企业自身情况及外部环境进行详细分析,具体分析内容如下。

(1) 企业自身分析

优势(S):本人乐观向上、善于与人交往、待人诚恳、勇于创新,有决心干一番事业;企业的营销渠道丰富,人工成本低,销售价格比竞争对手低;拥有充分的养殖业的理论知识和一定的养殖技术;地理位置优越,交通便利;家庭支持创业。

劣势(W):个人创业和实际操作的经验不足,难以听取他人的友善建议;优柔寡断;投入企业的资金较少,储备资金不充足;创办企业的人手不足;企业规模较小。

(2) 外部环境分析

机会(O):当地政府对大学生创业扶持力度大,并开设有创业的免费培训课程;本地区目前只有一家养殖肉牛的企业,竞争者少。

威胁(T):环境污染问题加剧,肉牛存在疾病的威胁;租地的成本一直在上升;未来一年内可能有两家同类养殖企业加入。

(3) 结论

运用SWOT分析法进行分析后,小王清楚认识了企业的优势与劣势。作为企业的创办者、管理者,小王虽然善于与人际交往,有养殖的知识和技术,但仍需要克服优柔寡断的性格缺陷,积累创业经验。

面对当前的机遇,小王需要经常向政府部门咨询扶持信息。同时,小王制订了企业下一步的目标,企图扩大企业的规模。因此,他计划尽快进入市场,开源节流,储备更多的创业资金,动员家庭力量,寻找更多的创业人手,尽快做活企业,以便在其他竞争对手进入市场之前,顺利打响自己的企业品牌,拓展销售市场。

三、市场评估

在有了明确的企业构思后,创业者还需要通过市场评估衡量创办的企业所生产的产品或提供的服务有没有市场,根据评估出来的结果进一步完善企业构思,将构思转变为实际的企业。在创业的过程中,有两种人是企业无法离开的:一是顾客;二是竞争对手,他们分别代表了市场的需求和供给。所以在创业前,顾客和竞争对手也是需要重点关注的两个方面,顾客是创业者的衣食父母,没有顾客的青睐,产品就没有市场,创业者将得不到需要的市场盈利;而竞争者则是激励和促进创业者进步的动力。

阅读材料:市场调查助大学生圆创业梦

28岁的赵杰是丽阳装饰有限公司的老板,这家公司是他在大学毕业后创建的。凭着自身扎实的专业功底和对艺术的满腔热爱,赵杰在大学时期就专注于装饰品的学习和研究,并取得了很好的成绩。

大学毕业前,赵杰仔细分析了自己学习的专业,发现目前的就业环境并不乐观,他也不想在自己感兴趣的领域止步不前,此时他想到了创业。为了看看自己的创业梦想是否可行,赵杰进行了简单的市场调查,他发现在自己所在的城市,装饰品大多是一些比较大型的装饰公司的附属产品,或是没有什么特色的小玩意儿,装饰品工艺的发展空间还很大。

有了这样的市场前提,他决心毕业后就开始创业。他对公司的规划是主要从事装饰品和工艺品的创作与生产,聘请专业的设计师设计符合顾客需求的产品,并将时尚、潮流等元素融入其中,打造了一批具有个性化和特色的产品。

当然,在创业之初,由于初期的产品定位和技术不成熟,他也遇到了很多困难,但通过积极的市场调查分析,他重新找准了发展的方向,使企业走得更远。

对于很多初创企业来说,市场调查并不是一件简单的事,创业者必须深入了解市场,反复调整和修正才能实现市场的准确定位。因此,初创企业在进行市场分析时,必须寻找自身产品与其他产品的不同特点(包括产品外观、功能、用途等),以此为切入点深入开发,确定自身产品的特色,这样可以让自己的产品更好、更快地打入市场。

(一)了解你的顾客

顾客就是购买商品的个人或组织。创业者在投放某个产品时,必须提前了解顾客及市场的供求需要,否则事后的"硬销"广告,只是一种资源的浪费。创业者可以从以下5个方面了解顾客。

1. 为什么要了解顾客

没有顾客,企业就会倒闭。企业要想成功,首先就要了解顾客,也就是了解顾客的需求;如果解决了顾客的问题,满足了他们的需要,就能让顾客感到满意,也意味着顾客能为企业带来更多的销售额和更高的利润。

2. 顾客是什么

西方营销理论中的一个经营理念是"顾客至上",传到我国后被翻译为"顾客就是上帝",就是对待顾客要恭敬,以顾客的感受为前提,尽最大努力为顾客提供好的服务。在当今市场竞争激烈的环境下,没有好的服务就不会有顾客上门,没有顾客,商场和工厂就很难生存下去,因此,顾客是企业的"衣食父母"和"市场"。

阅读材料:顾客就是上帝

只要在美国的连锁商店购买了产品,不论产品的价格是高还是低,基本上都可以在60天内进行无理由退换。

李先生是一位旅游爱好者,有一次在美国旅游时他顺便买了一部相机,花了900多美元。

8个月后,他带着新相机去旅游,不知道是相机自身的问题,还是他的技术不佳,他发现用这部相机拍出的照片总是有点模糊,他一气之下找到商店,要求退货。商店二话没说,原款退货。

在美国一家商场还发生过类似的事情,当时一位美国老太太拿着一把很破旧且已经使过20年的剪刀找到商场,要求商场更换一把新的剪刀并退还当时买剪刀的2美元。商场经理看了产品说明和发票后,二话没说,直接退钱并赠送了新的剪刀给她。这是因为当初商场为该剪刀写了保障说明:20年后凭发票和产品保证书可以退回购买的金额,并会获得一把新的剪刀。

3. 关注顾客的哪些方面

既然顾客对企业这么重要,那么创业者要从哪些方面来关注顾客的需求呢?从以下问题中创业者可以获得启示。

(1) 你的顾客是哪些人?

首先,当创业者选择创业时,一定要把产品所面对的顾客做一个细分,搜集顾客的详细信息,包括顾客的年龄、性别、职业、收入水平和兴趣爱好等。

以下为对顾客信息进行的调查。

问题1:您的性别是什么?

○女性 ○男性

问题2:您的年龄是多大?

○25岁以下 ○25~30岁 ○36 40岁 ○40岁以上

问题3:您的职业是什么?

○公务员、事业单位员工、国企员工 ○在校学生 ○个体经营者 ○31~35岁

○公司白领 ○自由职业 ○家庭主妇

问题4:您的家庭年收入是多少?

○5万元以下 ○5万~10万元 ○11万~15万元

○16万~20万元 ○20万元以上

问题5:您最喜欢的休闲活动是什么?

○看电视 ○上网 ○与朋友一起逛街 ○运动健身

○读书 ○听音乐

问题6:您最喜欢看哪一类型的电视节目?

○电视剧 ○新闻访谈类节目 ○养生保健类节目

○选秀类综艺节目

(2) 顾客需要什么样的产品和服务?顾客比较看重产品和服务的哪些方面?主要是对产品的颜色、款式、价格、质量和售后服务等进行调查。

以下为某面包店对顾客进行的调查。

问题1:您一般在什么时间段到面包店购买面包?

□6:00—8:00 □8:00—10:00 □10:00—14:00

□14:00—16:00 □16:00—19:00 □19:00—22:00

□22:00—24:00

问题2:您经常为谁购买面包?

□自己 □小孩 □父母

□同事或朋友 □其他人

问题3:您喜欢购买哪种类别的产品?

□蒸包类 □烘烤类 □蛋糕类

□面包类 □吐司类 □切件类
问题4:您喜欢购买哪种口味的面包?
□咸味 □甜味
□原味 □其他:
问题5:您希望面包的包装是什么样的?
□单独包装 □盒装或袋装
□盒装或袋装,内有多个独立包装
□其他:
问题6:您能够接受的产品价格是多少?
□10元以下 □10~50元 □51~200元
□201~500元 □501~1 000元 □1 000元以上

(3) 顾客愿意出多少钱购买你的产品和服务?

顾客愿意为购买产品和服务支付的金钱数额,代表着他们的消费层次与能力。仔细研究不同消费层次的顾客,可以更加准确地对产品和服务进行定位。

① 什么样的价格太便宜,以至于顾客会怀疑产品和服务的质量而不去购买?
② 什么样的价格非常便宜,并最能吸引顾客购买呢?
③ 什么样的价格是贵的,但仍是顾客可接受的价格?
④ 什么样的价格太高,以至于顾客不能接受?

(4) 顾客喜欢在什么时候、什么地方购物?

不同的顾客,其消费习惯也不同,例如:有些人喜欢在8:00—9:00去早市;有些人喜欢在10:00—11:30和14:00—17:30这段相对清闲的时间闲逛;有些人下班后(一般为19:00—20:00)才有时间购物。每个顾客喜欢的购物地点也不相同,例如:有些人喜欢在家附近购物;有些人喜欢去专卖店购物;有些人喜欢在网上购物等。

(5) 顾客的购买量有多大?

购买量主要是指购买数量和频率。顾客每次购买产品的数量越多,购买产品的次数越频繁,企业所获得的收益越大。顾客的购买量主要取决于顾客的购物欲望,当其需求被充分满足,感觉自己受到重视且对产品和服务的质量充满信任时,购买欲望就会进一步提高。企业也可通过一些促销手段来刺激顾客购物,如抽奖、买即赠送礼品等。

阅读材料:"印花兑奖"促销

某大型超市每隔一段时间就会推出"印花兑奖"活动,要求如下。
① 在门店每消费50元可获得印花一枚。
② 集满40枚印花,即可换购指定锅具一款。

在活动一开始,超市的工作人员便在超市入口放置了巨大的奖品宣传画册,并且在超市出口陈列柜上放置了相应的奖品。这些奖品看上去都十分精致,有平底锅、煎锅、炒锅、蒸锅、餐具等,十分吸引顾客的眼球。

另外,由于超市设置的获得印花的条件十分简单,只需消费满50元便可,顾客从心底觉得这个条件能够接受,能有效增加参加活动的人数,提高顾客的参与积极性。但若要换取奖品,则需要顾客不断地累积印花的数量,一方面顾客可以自己每次到超市购物累积;另一方面也可以多人一起购物累积,方式多种多样,大大提高了顾客的购买欲。

经过超市工作人员的统计,在活动期间,超市每日的客流量和销售量都比以往提高了不少,到活动结束后,奖品也全部被顾客兑换完了。

(6)顾客数量能增加吗?能保持稳定吗?

创业者都希望自己的顾客越来越多,以保证生意红红火火。顾客数量增加会促进销量的增长,从而使企业获利增多,那么怎样做才能增加顾客的数量呢?首先,可以从企业或产品的曝光率考虑,只有顾客知道了某家企业或某种产品的存在,才会有消费的可能性,因此企业或产品的宣传是必不可少的。其次,产品的质量一定要有保障,要对顾客有吸引力,从而在保障已有顾客的前提下,吸引更多的顾客。最后,服务态度一定要好,顾客咨询的时候,创业者一定要耐心、细心,为顾客提供良好的售前、售后服务,积极解决顾客的问题。

阅读材料:贴心服务才能赢得顾客"芳心"

一次,程昱带着她的妹妹去成衣店定做衣服,当她们路过一家又一家店铺时,她的妹妹不禁疑惑地问道:"为什么还没到呀?这里不是有一家吗?"程昱笑笑不语,拉着她的妹妹继续前进,终于在一家看起来平淡无奇的店面——"香草"前停下了脚步。

订做完衣服后,店员告诉她们两天后再来领取。当她们再次踏入小店时,店员热情地递过一个精致的袋子,并邀请程昱的妹妹去试穿衣服,表示希望衣服的质量和上身效果能令她满意,程昱的妹妹欣喜地穿上为她定做的衣服后,不禁在试衣镜前照来照去,并且十分高兴,连连夸奖衣服做得又快又好。

准备离开时,程昱的妹妹还在袋子里发现了一个香囊。当她询问店家时,店主亲切地说:"这是送给您的一点小礼物,可以搭配衣服或挂在衣橱,希望您能喜欢。"程昱的妹妹连连道谢,折开香囊一看,里面有几颗扣子、布角、棉线和一张信誉卡。这时,程昱才得意地对她的妹妹说:"这就是我为什么带你来这儿的原因!"

原来,程昱经常在这家小店定做衣服,这家店不仅衣服质量上乘,而且每次都会赠送给顾客礼物,虽然这些礼物不大,也值不了多少钱,但店家在赠送过程中表现地为顾客服务的心意已经超过了礼物本身的价值,因此程昱才乐此不疲地将它介绍给亲朋好友。

4. 如何了解你的顾客

顾客对企业的发展至关重要,创业者可通过多种渠道了解顾客的需求,常见的方式如下:

① 情况推测,利用自己的团队及亲朋好友的经验对顾客情况进行大胆的推测和预测。

② 利用行业渠道获得信息,通过阅读行业指南,调查相关的行业信息,借助商业报纸、杂志、电视和互联网等媒体对顾客进行了解。

③ 与业内人士交换信息,可以和竞争对手、顾客、销售人员等进行交流和咨询,并从而了解顾客。

④ 顾客访问,抽样访问选定的那部分顾客,通过访问结果进行了解。为了尽可能地避免调查偏差,市场调查人员收集资料时,首先要选择具有代表性的调查对象,挑选合适的调查时间与地点,并且调查要采用不偏不倚的态度,不带任何看法或偏见进行调查。

⑤ 观察和调查,可通过现场观察、问卷调查或网络调查的方法,观察顾客的喜好和消费习惯等,该方法与市场需求调查中的实地观察方法相同。

阅读材料:蜂蜜店的调查问卷与分析

针对蜂蜜店销量提升较慢、订单金额不高、客流量徘徊不前等情况,蜂蜜店自发组织了一次较为全面的门店顾客调查,相关内容如下:

时间:2017年11月8日—2017年11月30日。

地点:"甜蜜蜜"蜂蜜分销店。

调查方式:现场发放问卷。

问卷数量:发出问卷1 020份,收回有效问卷1 020份。

以下为问卷的内容和结果分析。

(1) 您的性别是什么?

①男士(182 17.84%)　②女士(838 82.16%)

分析:男士占前来消费的人数的17.84%,女士占前来消费的人数的82.16%,说明在蜂蜜这一产品上,男士比女士消费得更少,女士是蜂蜜的主要消费群体。

(2) 您是通过何种途径知道"甜蜜蜜"蜂蜜分销店的?

①电视(118 11.57%)　②电台(54 5.29%)　③社交媒体(216 21.18%)

④户外广告(153 15.00%)　⑤宣传资料(119 11.67%)　⑥别人告知(360 35.29%)

分析:通过户外广告得知的顾客比例为15.00%,通过社交媒体得知的顾客比例为21.18%,通过别人告知得知的顾客比例为35.29%,说明开业前和开业期间的户外广告、社交媒体、公众传播是顾客认识"甜蜜蜜"蜂蜜分销店的重要途径。通过别人告知得知的顾客比例占35.29%,说明店铺口碑不错,顾客还是很认同"甜蜜蜜"蜂蜜分销店的。

(3) 您是通过何种交通工具来"甜蜜蜜"蜂蜜分销店的?

①公共汽车(57 5.59%)　②出租车(18 1.76%)　③自行车(388 38.04%)

④摩托车(19 1.86%)　⑤私家车(389 38.14%)　⑥步行(149 14.61%)

分析:乘坐公共汽车来"甜蜜蜜"蜂蜜分销店的顾客比例仅占5.59%,说明地理位置不佳,交通不便利。

(4) 您来"甜蜜蜜"蜂蜜分销店消费几次了?

①1次(152 14.90%)　②2次(506 49.61%)　③3~5次(159 15.59%)

④6次以上(203 19.90%)

分析:2次所占比例为49.61%,3~5次所占比例为15.59%,6次以上所占比例为19.90%,说明顾客忠诚度不高。

(5) 您认为"甜蜜蜜"蜂蜜分销店的产品价格相比其他商店怎样?

①普遍低(620 60.78%)　②部分低(234 22.94%)　③相差不多(89 8.73%)

④普遍高(12 1.18%)　⑤部分高(65 6.37%)

分析:"普遍低"所占比例为60.78%,说明大部分产品价格优势十分明显;"部分低"所占比例为22.94%,说明有一部分产品价格优势不明显,必须加强市场调查。

(6) 在"甜蜜蜜"蜂蜜分销店能否买到所需的蜂蜜?

①能(468 45.88%)　②基本上能(423 41.47%)　③不能(129 12.65%)

分析:"基本上能"所占比例为41.47%,"不能"所占比例为12.65%,说明还有一部分产品顾客无法在"甜蜜蜜"蜂蜜分销店购买,"甜蜜蜜"蜂蜜分销店的产品品种不齐全,应根据市场特点及顾客的购买习惯进行调查分析,进一步完善产品结构。

(7) 您在"甜蜜蜜"蜂蜜分销店是否遇到过质量问题?

①有(120 11.76%)　②没有(900 88.24%)

分析:遇到质量问题的顾客所占比例为11.76%,说明产品存在质量问题,必须认真对待。

(8) 您除了自己来消费外,还经常给别人代购产品吗?

①是(489 47.94%)　②没有(233 22.84%)　③偶尔(298 29.22%)

分析:来消费的顾客给别人代购产品的比例为47.94%,说明价格与产品品种均存在一定的优势。

(9) 您对促销活动是否感兴趣?

①感兴趣(706 69.22%)　②好,应该多做(178 17.45%)

③无所谓,可有可无(136 13.33%)

分析:有近70%的顾客对促销活动感兴趣,因此店铺应相应开展促销活动,并具体调查顾客感兴趣的内容。

(10) 您觉得我们应该多做什么样的活动?

①买赠促销(531 52.06%)　②抽奖活动(135 13.24%)

③知识抢答(26 2.55%)　④产品推广(264 25.88%)

⑤其他:(64 6.27%)

分析:可以看出顾客比较喜欢买赠促销活动,喜欢产品推广活动的顾客也有不少。以后酌情在产品推广活动上加大力度促进销售。

(11) 您感觉"甜蜜蜜"蜂蜜分销店的服务怎样?

①好(867 85.00%)　②一般(127 12.45%)　③差(26 2.55%)

"一般"和"差"主要表现在哪些方面?

④接待不热情(35 22.88%)　⑤介绍不详细(52 33.99%)

⑥对产品位置不熟悉(60 39.22%)　⑦不礼貌(6 3.92%)

分析:顾客对店铺服务评价较高,但认为服务一般的顾客比例也达到了12.45%,说明服务意识有待加强。顾客对服务不满意的地方主要表现在对产品位置不熟悉、介绍不详细、接待不热情这3个方面,说明营业员对产品摆放位置不熟悉,且主动服务意识不强。

5. 试销或试营法

当创业者对某个产品或业务决策产生疑惑时,还可以通过试营业或产品试销来了解顾客的反映和市场需求情况。若某个产品在被调查时有超过80%的人认为没有市场,那创业者应尽早放弃;如果有50%以上的调查者表示不看好,那创业者应该再综合其他因素慎重考虑;若超过98%以上的调查者表示看好,则表明该产品市场发展前景很好。

阅读材料:因调查取样考虑不周全"错失"产品推荐

为了测试新的蛋糕口味是否符合顾客的口味,"味美乐"蛋糕坊进行了一次详细的市场调研。

调研的方法:在桌子上摆满贴了标签的碟子,参与测试的人逐一品尝这些糕点,并将口感写在卡片上。经过5轮的反复测试,测试结果表明,几乎所有参与测试的人都拒绝了这种新的蛋糕口味,于是这种口味的蛋糕在调研中被否定了。

一年后,这种口味的蛋糕却突然在其他糕点店火爆起来,原来是因为"味美乐"蛋糕坊进行测试的时间是冬天,参与测试的人从寒冷的室外到了糕点店,还没等暖和起来就吃起了清爽的冰淇凌蛋糕,因此影响了调查结果。

调查所需的环境和对象对调查的结果有直观的影响,因此要谨慎选择调查环境和对象,以免因为错误的外在环境影响调查结果的准确性,造成不可挽回的损失。如进行化妆品调查时,调查对象应主要选择女性;若是有关男士护肤品的调查,就应该以男士为调查对象。

综上所述,了解顾客可归纳为:在开办企业之前,必须先了解市场需要什么,顾客需要什么,然后根据顾客的需要去组织生产或进货销售。这就需要创业者采用各种方法收集顾客的相关信息,若通过收集的信息发现目前的项目不可行,则应另辟蹊径,换一个角度重新思考创业项目。

(二) 了解你的竞争对手

在市场竞争日趋白热化的今天,不了解市场竞争情况,不认识竞争对手,就意味着没有胜算机会。

特别是在目前的市场经济条件下,当创业者利用全新的商机进行创业时,随着生意的兴旺,必定会有其他人学习创业者的经营模式,增大市场竞争的激烈程度。因此,了解竞争对手的情况是十分重要的。同时,竞争对手是创业者前进的驱动力,竞争对手的存在可以使创业者不断地完善自己。作为创业者,应从以下6个方面了解竞争对手。

1. 怎么看待竞争对手

作为一个成熟的、优秀的创业者,一定会有这样的感慨:你的竞争对手不仅是你的敌人,更是你学习的对象。竞争对手不仅能给创业者压力,也能给他们动力。如果要让一个人成功,就必须给他一帮志同道合的伙伴,如果要让一个人取得伟大的成功,就必须给他一帮伟大的敌人。因此是竞争对手成就了现在的很多优秀企业。

2. 了解竞争对手的意义体现在哪里

古语云:"知己知彼,百战不殆。"而对竞争对手,创业者要做到取其精华,弃其糟粕,从而达到"人无我有,人有我优,人优我新,人新我特"的境界。也就是说,只有了解了竞争对手,创业者才可以在既定的市场环境下迅速找出新的解决问题的办法,使企业立于不败之地。

3. 竞争对手是谁

在了解竞争对手之前,创业者需要知道其竞争对手是谁。一般可通过3个方面进行判断。

(1) 同行:在同一地域或同一项目内规模相当、层次相近的经营实体。

(2) 隐形对手:在同一地域争夺同一目标顾客群的经营实体。如经营母婴奶粉、母婴保健药品的专卖店和经营婴幼儿服饰的专卖店针对的顾客群体都是孕妈妈。

(3) 核心对手:顾客经常选择光顾的几家经营实体。

4. 从哪些方面了解竞争对手

竞争对手的情况通常是行业机密,了解竞争对手的相关情况对创业者来说非常重要。通常应从以下6个方面对竞争对手进行了解。

(1) 竞争对手的经营状况。经营得好还是坏?为什么好?为什么坏?

(2) 竞争对手的产品价格是多少?竞争对手的设备怎么样?

(3) 竞争对手的产品质量怎么样?雇员的质量和服务怎么样?

(4) 竞争对手是怎样推销的?是怎样进行广告宣传的?

(5) 竞争对手有什么额外服务?竞争对手是怎样分销产品或服务的?

(6) 竞争对手的实体地址在哪里?长处和不足有哪些?

5. 通过什么途径了解竞争对手

调查了解竞争对手的相关信息必须建立在合法的基础上,常用的了解竞争对手的途径有以下8种方式。

(1) 自己假扮成顾客向竞争对手的员工或其他顾客打听。

(2) 通过家人、朋友或员工进行了解。

(3) 通过内行人员或专业人员进行了解。

(4) 通过行业协会或内行人员告知。

(5) 通过竞争对手的产品说明书进行了解。

(6) 通过竞争对手的供应商或销售商进行了解。

(7) 通过竞争对手的招聘广告进行了解。

(8) 通过接触竞争对手的核心骨干进行了解。

6. 分析竞争者

了解并收集竞争对手的信息后,创业者就可以对竞争对手进行分析,从而更好地开展创业工作。

(1) 5W分析法。

5W即5Why,5W分析法又称"为什么—为什么"分析法,它是一种探索问题原因的方法,即对一个问题连续发问5次,每一个"原因"都会紧跟着另外一个"为什么",直至问题的根源被确定下来。

如在对竞争对手进行分析时,就可以问下面5个问题。

① 正在做什么?

② 为什么那样做?

③ 没有做的是什么?

④ 做得好的是什么?

⑤ 做得不好的是什么?

(2) 有针对地制订市场竞争策略。

通过认真的分析、总结和归纳,创业者可以更深入地了解竞争对手,并根据得出的信息有针对性地制订系统有效的市场竞争策略。创业者可针对以下5个问题制订相应策略。

① 分析竞争对手"没有做"的原因。

② 针对竞争对手"没有做"的原因提出较好的解决方案。

③ 针对竞争对手"做得好"的提出较好的对策。

④ 针对竞争对手"做得不好"的提出更好的对策。

⑤ 选择有利的"进攻武器",并制订相应的市场应对方案。

总之,创业者要善于从竞争对手那里获得信息,从而努力打造既满足顾客需要又优于竞争对手的产品或服务。相信通过自己不懈的努力,一定可以为顾客提供更好的服务、更便宜的价格和更有特色的产品。

四、创业项目评估的步骤

下面的创业项目评估步骤可以帮助大学生更清楚地认识从企业构思到创业项目市场评估的过程。

(1) 运用头脑风暴法构建企业构思如表3-3所列。

表 3-3 运用头脑风暴法构建企业构思

产品	制造线	销售线	服务线	副产品线
企业构思				

（2）利用 SWOT 分析法对依据表 3-3 中企业构思创办的企业进行分析如表 3-4 所列。

表 3-4 SWOT 分析法

优势	
劣势	
机会	
威胁	
结论	

（3）接下来分析企业的潜在顾客如表 3-5 所列。

表 3-5 分析企业的潜在顾客

顾客特征	描述内容
谁会成为你的顾客	
性别	
年龄	
居住区域	
收入水平	
文化背景	
顾客平均多长时间购买一次你的产品或服务（每天、每周、每月、半年或一年）	
顾客愿意花多少钱购买你的产品或服务	
顾客的一般购买量是多少	
客流量有多大？呈增长趋势还是减少趋势	

（4）认真思考以下问题并进行分析，看看你是否具有融资的能力。
① 创业项目是否经过政府部门批准立项？
② 创业项目的可行性研究报告和设计预算是否得到政府有关部门的审查批准？
③ 从国外引进的技术、设备或专利等是否被经贸部门审批并已办妥相关手续？
④ 创业项目的产品技术、设备是否先进适用？配套是否完整？是否有明确的技术保证？
⑤ 创业项目的生产规模是否合理？
⑥ 创业项目产品经预测是否有良好的市场前景和发展潜力？盈利能力是否较强？

⑦创业项目投资的成本及各项费用预测是否合理？
⑧创业项目生产所需的原材料是否有稳定的来源，是否已经签订供货合同或意向书？
⑨创业项目建设地点及建设用地是否已经落实？
⑩创业项目建设以及生产所需的水、电、通信等配套设施是否已经落实？
⑪其他与创业项目有关的建设条件是否已经落实？
⑫创业项目是否有较好的经济效益和社会效益？

五、大学生创业参考项目

哪些项目适合有创业意向的大学生呢？创业指导专家认为以下几种项目大学生可以选择尝试。

（1）借助学校品牌的项目：包括各类教育与培训、成熟的技术转让、各种专业咨询等。

（2）具有优势的服务项目：包括家教服务、成人考试补习、会议礼仪服务、收售旧书、发明家俱乐部、速记训练营、出租旅游用品等。

（3）可以独立运作的专业项目：包括可以拆分开的业务、图书制作前期工作、各类平面设计工作、各种专项代理业务等。

（4）利用对外合作的项目：包括婚礼化妆司仪、服装鞋帽设计、各类信息服务、主题假日学校等。

（5）小型多样的经营项目：包括手工制造、特色专柜、网络维护、体育用品等。另外，投入少、风险低的项目较适合初次创业人群，目前市场上的一些"小本经营"项目也可以供大学生一展身手。

（6）鲜奶项目：近几年，人们对养生的重视程度持续飙升，鲜牛奶及乳制品的需求也越来越大。此项目可以借鉴市场上流行的茶吧、书吧等经营模式，以牛奶及乳制品为主要销售产品，设置休闲风格浓厚的卡座。

（7）母婴保健项目：近几年，人们对传统的"坐月子"习惯有了重新认识，母婴保健作为新生事物，正在被大众逐步接受，拥有很大的发展空间。该项目可以为孕妇提供产前、产后咨询服务，包括婴幼儿早期智力开发、月嫂培训、制订合理的产后配餐、产妇身体保健等。

（8）儿童摄影项目：婴幼儿既是年轻夫妇关注的焦点，又是老一辈人疼爱的核心。"小天使""小太阳"现象说明婴幼儿是两代家庭消费的重点，消费观念形成了以时尚、新潮、安全为主要特征，因此该项目可以向这些方向靠拢。同时，行业本身也提出了更高、更新的发展要求，将产品、文化、服务导入市场，是摄影行业未来较大的卖点。

（9）美容护养项目：化妆护理、瘦身美容等观念通过大众媒体的猛烈宣传，极大地激发了女性爱美的欲望，也因此推动了女性美容产业的兴起。

（10）玩具投资项目：玩具投资项目可以是开一家拼图小店或玩具租赁店，如以较低的价格满足孩子短暂的玩具新鲜感需求，再以小区为点的形式，通过智能柜与移动互联网为顾客提供玩具租赁服务。

（11）宠物经济项目：家庭人数的减少大大提升了宠物的需求量，孩子们把宠物当作自己的伙伴，当他们长大成家后，宠物就成为其父母的精神寄托。宠物饲养场、宠物医院、宠物美容店、宠物食品店、宠物寄养店、宠物网站等，形成了一个相当大的宠物经济市场。

以上项目颇具创意，且具有可操作性，很多项目都有过成功的实例，具有很大的借鉴价值，大学生创业者可以学习尝试，从中寻找适合自己感兴趣的项目。

第四章 创业资源和融资

创业的一个前提条件就是资源。但是在创业初期想拥有全部的资源是很困难的,大量创业事实也表明,对资源的拥有权并非关键,关键是对其他人的资源的控制和影响,有效的资源整合。

案例导入:在校大学生走上创业之路

陈峰伟从进入大学到大二,一直没有停止自己的创业之路。在新生军训时,学校只发了衣服,没有配鞋子,于是他立即从外面购进鞋子向新生推销。暑假里,陈峰伟先到太平洋建设集团实习,之后回到老家做起了一些高校的招生代理。陈峰伟最早接触的IT销售是在大学里向同学推销手机、平板电脑等IT产品。在推销产品的同时,他还在大学城的各个学校内发展代理。就在这个推销的过程中,他发现了巨大的商机:该市的大学城有12万名大学生,却没有一个专业销售数码、手机产品的卖场。而该地区手机、笔记本电脑和数码产品的年市场份额达3.6亿元,光手机一天就有300部需求。陈峰伟称这一结论来自他组织的3次市场调研。此外,他还向大学生做了另外一个问卷调查:如果我在大学城开一个大卖场,你会不会来这边买产品? 70%的大学生回答"不会",他们会选择苏宁、国美这样的企业。在问卷上选择到他的大卖场里去的大学生仅占18%,但这18%也给了他很大的鼓舞,纯数学计算,3.6亿元市场总需求的18%就是6 480万元。于是,陈峰伟决定,开发这个大卖场。

于是陈峰伟个人投入和融资300万元,在某市的大学城内建了一个面积为500 m^2 的IT大卖场,大卖场主要由大学生自己投资、自己策划,甚至所有的工作人员都是大学生。

第一节 创业资源整合

一、资源基础理论与创业资源

斯蒂芬森认为:"创业者在企业成长的各个阶段都会努力争取用尽量少的资源来推进企业的发展,他们需要的不是拥有,而是控制这些资源。"在资源整合中,有很多的企业都成为典范,像腾讯网、比亚迪等。虽然企业所需的资源各不相同,但整合资源的途径基本相同,这就是合作。在合作中寻找资源,在合作中加快发展。一般认为的资源是指对于某一主体具有支持作用的各种要素的总和;而对于创业者来说,只要是对其创业项目和创业企业的发展有所帮助的要素,都可以归入创业资源的范畴。因此,可以对创业资源的定义:创业资源是指对创业项目和创业企业发展具有支持作用的各种要素的总和。其中最基本的要素是人力资源、资金资源,除此之外还有包含了诸如技术支持、销售渠道、咨询机构、潜在顾客,甚至政府机构在内的多种内容。

(一)资源基础理论

资源基础理论(Resource Based Theory,RBT)的基本观点是将企业概念化为一系列资源的集合体。该观点可较早地追溯到英国管理学家艾尔顿·彭罗斯1959年出版的《企业成长理论》。该书把企业看成由一系列具有不同用途的资源相联合的集合，关注企业内部的资源对实现企业成长的重要性，以及企业在其成长战略中如何利用不同的资源。1984年沃纳菲尔特发表的《企业的资源基础论》意味着该理论正式诞生。根据资源基础理论，创业活动可以看成创业者整合异质性资源的过程。

（二）创业资源的内涵与类型

创业资源是指新创企业在向社会提供产品或服务的过程中，拥有或支配的能够实现企业战略目标的各种要素及其组合。对创业者来说，有助于其创业活动的要素，都可以归入创业资源的范畴。根据资源基础理论，常用的创业资源类型如下：

① 人力资源。人力资源不仅包括创业者及创业团队的知识、训练和经验等，也包括团队成员的专业智慧、判断力、视野和愿景，甚至创业者本身的人际关系网络。创业者是新创企业最重要的人力资源，其价值观念和信念是新创企业的基石，其拥有的人际和社会关系网络使其能够接触到大量的外部资源，降低潜在的创业风险。鉴于企业之间的竞争归根到底是人才的竞争，高素质人才的获取和开发，便成为新创企业持续发展的关键因素。

② 财务资源。是指货币资源。通常是新创企业向债权人、权益投资者通过内部积累筹集的负债资金、权益资金和留存资金。资金是指企业的血液，没有资金，新创企业是无法正常运转的。资金资源主要包括现金、有价证券、厂房、设备、土地等。对于创业者来说，资金的来源主要是个人、家庭和朋友。一般创业者由于缺乏抵押物等多方面因素，很难从外部获取大量的资金。

一般来说，创业初期以不高于市场平均水平的资本成本，并及时筹集到足额的财务资源，是新创企业成功创办和顺利经营的前提条件。

③ 物质资源。包括创业和企业经营所需要的有形资源，如建筑物、设施、机床、办公设备、原材料等。一些自然资源如矿山、森林等，也会成为新创企业的物质资源。

④ 技术资源。包括关键技术、制造流程、作业系统、专用生产设备等。通常技术资源包含三个层次：

- 根据自然科学和生产实践经验而发展成的各种工艺流程、加工方法、劳动技能和诀窍等。
- 将这些流程、方法、技能和诀窍等实施的相应的生产工具和其他物资设备。
- 适应现代劳动分工和生产规模等要求，对生产系统中所有资源进行有效组织和管理的知识、经验和方法。

⑤ 组织资源。一般指企业的正式管理系统，包括企业的组织结构、作业流程、工作规范、信息沟通、决策体系、质量系统、正式或非正式的计划活动等，有时候组织资源，也可以表现为个人的技能或能力。其中，组织结构是一种能够使组织区别于竞争对手的无形资源。

⑥ 信息资源。企业对于信息的搜集能力和对信息反应的灵敏度，决定了企业能否立足于市场。这一点对于创业企业尤为重要，不管是创业之前的项目选择、商业决策，还是企业创立之后的运营管理，都需要收集关于创业项目的各种信息。信息资源主要包括市场信息（创业者所要进入的市场包括服务对象、顾客需求和偏好等信息）、项目信息（创业者要做什么、有什么具体要求等）、资金信息（创业过程需要多少资金、如何去筹集等）、政府法规信息（国家对于创业项目所有具体的规定、要求及相关优惠政策等）。

⑦ 社会资源。主要是指创业者拥有的政府政策与法规、非政府组织或非营利性组织等发

布的信息,以及一切社会拥有却可为我所用的资源。对于创业者而言,运用社会资源尤其是企业没有拥有权的资源,在企业的初期和早期成长阶段十分重要。

因此,为了强化对创业资源的理解,我们有必要对创业资源进行分类。

基于创业资源重要性的分类:

① 核心资源。主要包括技术和人力资源。这些资源涉及新创企业有别于其他企业的核心竞争力。

② 非核心资源。主要包括资金、场地和环境资源。这些资源是新创企业成功创办和持续经营的基本资源。

基于创业资金来源的分类:

① 内部资源。是指创业者或创业团队自身所拥有的可用于创业的资源。例如,创业者自身拥有的可用于创业的资金、技术、创业机会信息等。

② 外部资源。是指创业者从创业企业外部获取的各种资源,包括从企业外部渠道所筹集到的资金、设备、原材料等资源。

二、创业资源的利用与整合方法

资源是指创业者创立企业与企业运营的必要条件,而这些资源存在于不同企业和个体之中。创业资源的共同作用是形成创业产品和创业市场,并决定新创企业的利润水平以及创业资本的积累能力,最终影响到创业企业的成长发展。所有创业企业最期待的条件就是能拥有所有的创业资源。因此资源的转换利用、整合成为创业者必须面对的严肃问题。

(一) 转换与利用资源

创业者获取创业资源的最终目的:组织创业资源追逐并实现创业机会,提高创业绩效和获得创业的成功。无论是要素资源还是环境资源,无论它们是否直接参与企业的生产,它们的存在都会对创业绩效产生积极的影响,以直接促进新创企业的成长。

1. 依靠自有资源

很多创业故事告诉我们,充裕的启动资金绝对会帮助我们在创业的道路上少走一些弯路。总的来说,成功企业家的创业资金大部分来自自己的积蓄。从萌生创业想法到最终付诸实践,这个过程中总会有机会让你有所积蓄。"先打工赚钱,再出来创业",也成了许多创业者的路径规划。大部分创业者因为受到有限资源的约束,被迫根据现有资源去建立企业,并推动企业发展。对自身的创业资源进行评估,关键在于客观分析资产的存量和流量。资产的存量是指创业者目前所拥有的资产,这个资产包括创业者拥有的资金、房产、有价证券及其他有价值的资产。这类资产,都可以转化为创业资本。资产的流动性有大有小,有的流动性比较大,如现金;有的流动性就比较小,如房产。但在市场经济完善的国家,各类资产的转换和交易是相当容易的,如房产,创业者既可以做抵押贷款,也可以直接变卖套取现金。资产也可以分期转换,如创业者可以出租房产以换取租金,就是一种分期转换。

实际上个人的财富主要取决于创业者的资产流量,而不是存量。对于普通人来说,资产的流量主要是创业者的工资收入和消费支出。只有资产的流入大于支出,创业者的财富才能逐步积累,否则财富将逐渐减少。对有产者来说,还有一种方法取得收入,就是对资产存量进行投资,取得投资收入,这就是资产的时间价值。在市场经济发达的国家,资产还可以取得另外的收入溢价。通常在经济景气的时候,创业者的资产价值会上升,如房子涨价会产生的溢价收入。因此,创业者在计算创业资产时,要把资产的存量和流量都计算在内;计算资产存量的时候还要考虑资产的时间价值。

2. 资源要素组合

绝大多数创业者都是在资源有限的情况下开始创业的,伴随着创业者的成功,许多创业者利用有限资源、因势利导的故事流传出来。创业者在一穷二白的情况下,用身边仅有的资源打破正常情况下定义、惯例、标准的约束,创造出独一无二的产品与服务;他们身边的资源可能对于普通人来说是没有价值的,但是优秀的创业者凭借自己的创意与技巧整合其他资源,最终达成了一些原本看似不可实现的目标。我们把这种创造性利用资源的行为称为"拼凑"。研究者认为,独创性的拼凑有以下三个要素:

(1) 身边有可用的资源

擅长拼凑的人一般来说身边长期存在着一些固定资源,这些资源可以是知识、技能、经验,甚至是一种想法。这些资源在别人眼中可能是毫无利用价值的,但是创业者会有意无意地收集这些资源,在恰当的时候将这些资源转化为所需要的资源。

(2) 整合资源实现新的目标

拼凑的特征之一是整合身边资源,目的是实现企业的新目标。当前市场情况瞬息万变,只有在这个环境中快速识别机会,调整企业的资源结构,提供当前环境下消费者需要的产品与服务,企业才能获得发展机会。这就要求创业者需要有能力识别新机会、发现新问题,利用身边已有的资源实现目标。

此外,拼凑还分为全面性拼凑和选择性拼凑。全面性拼凑是指企业渡过创业初期后仍然长期在资金资源、人力资源、信息资源和社会资源等多方面使用拼凑方法。这时,拼凑影响到企业内部的经营管理体系的建设,会产生一些不合理的现象,同时在与外部竞争对手争夺市场时,也将会因为采用低水平资源而遇到问题,导致企业迟迟走不上健康发展的道路。选择性拼凑是指企业在创业过程中对于拼凑行为有所选择,这体现在两个方面:一是在使用时间上,创业者只是在创业初期资源受约束时使用拼凑,随着企业的良性发展,逐步减少使用,直至最后彻底放弃;二是在使用范围上,不像前者选择在全范围使用拼凑,而只是在某个范围内使用拼凑。

(3) 发挥资源的杠杆效应

杠杆效应是指以最少的付出谋取最多的收获。创业者要在创业过程中训练自己形成杠杆资源效应的能力。发现一种未被充分利用的资源,并进一步发掘这种资源能够用于创业实践中,说服那些资源所有人让渡使用权,这个过程意味着创业者没有被当前拥有的资源所限制,能够使用独创性的方式,以最小资源成本获取最大收益。杠杆效应体现在以下几个方面:利用一种资源换取其他资源;创造性地利用别人认为无用的资源;能够比别人有更长时间占用资源;借用他人或其他公司的资源来达成创业者自身的目的;用一种富裕资源弥补一种稀缺资源,产生更高的附加值。

(二) 创业资源的整合

创业者能否做到资源的真正整合,是决定企业生存还是灭亡的关键。因此,创业者在整合资源的过程中,可以参照以下资源整合的原则:

1. 尽最大可能去搜寻和圈定可以被整合的资源提供者

创业者想要整合资源,首先必须找到可以被整合的资源提供者,并将其作为目标对象。创业者可以通过以下两种逻辑去寻找：找到拥有大量资源的个别的潜在资源供给者，如各级政府、世界500强的大公司等；尽可能多地搜寻潜在的资源供应方。

2. 寻找和思考与潜在资源提供者之间的共同利益

商业世界当中所有的活动都是围绕着利益进行的，所以想要整合各方资源，需要创业者仔细分析潜在资源供给者他们真正关注的利益所在。尽管从表面上观察，不同企业、不同机构各自的目的不同，利益诉求也不同，但是从内部分析，其实各个机构之间的利益有着紧密的联系。创业者需要做的是发掘其共同利益诉求，与各个资源供给者建立紧密的利益关系，将他们纳入创业者的利益网络中，成为利益相关者。

3. 建立顺畅的沟通机制

在整合资源的过程中，与各方沟通是必不可少的。因此，创业者必须与各方建立顺畅的沟通机制，派出具有一定沟通能力的团队成员负责与各方沟通，这将成为整合资源成功与否的关键因素。企业之间商业交往的成功与否在很大程度上也跟创业者沟通能力的优劣有关，无论是人与人之间还是企业与企业之间的良好感情的建立，都是双方持续不断地顺畅沟通的结果。创业企业整合资源的过程就是与企业内部和外部的资源供给者充分沟通的过程。在企业外部，创业者需要与外部的投资者、银行、各级政府机关、媒体、同行业者、消费者、供应商等通过建立联系来获得信任、消除利益分歧、争取对方的扶持与帮助、取得共赢的结果；在企业内部，创业者需要通过顺畅的沟通来鼓舞员工士气、争取员工团结、消除员工不满、提升企业运营效率与业绩。

三、创业人力资源的整合

（一）创业者及其特质

（1）创业者的定义

国内外学者对于创业者的定义各不相同。总的来说，创业者就是进行创业活动的人。我们根据创业的广义和狭义之分，将创业者也分为广义和狭义两种。广义的创业者是指在各种不同领域和行业内创造性地工作并取得突出成绩的人，包括各种行业、各种岗位上的劳动者。狭义的创业是指创办企业的企业家或者领导者。本文的创业者是狭义的概念。

（2）创业者应具备的素质

创业者素质是指创业者与生俱来的以及通过后天培养、塑造、锻炼而获得的心理和生理上的特点。成功的创业者大多都具备以下素质：

① 坚韧不拔的吃苦精神。包括两个方面的含义，永不言败的毅力和吃苦耐劳的执着精神。具有永不言败的毅力将会对事业产生忘我的热情，而吃苦耐劳的精神才会产生顽强的斗志，这是一种承受市场挫败的耐力。尤其对于新创企业而言，在企业之初，创业者个人的意志将转化为企业的意志，而初始阶段也是创业最艰难的阶段。因此，创业者是否能够坚韧不拔，就成了企业是否能够在竞争中取胜，并生存的重要条件之一。

② 社会性的商业道德。创业者想创造一番事业，首要的一点是立德，即树立具有社会性的商业道德，也就是所谓的诚信意识。具体表现就是对自己、对员工、对合作伙伴以及对社会的一种责任心，这是一种实现企业长期发展的战略意识。如果只是图一己私利，那么企业发展的相对动力在运行过程中将会表现出后劲不足的特点。只有和周围环境相适应的发展，才符合企业发展战略的长期目标要求。因此，社会性的商业道德是一个企业长期发展所必备的企

业人格。

（3）创业者需要的能力

能力和素质有关，但两者又有差别。素质更多是指心理特质；能力更多是指后天习得的客观条件，是人们完成某项活动所需的技巧和经验。创业者需要具备的能力主要有以下几个方面：

① 学习与创新的能力。成功的创业者一般都具有优异的学习能力，而且极擅长通过创造实践过程进行学习。基于对新事物所特有的积极学习的态度和高度的创新思维，创业者可以不断地提高自身素养，增强驾驭风险的能力，提高创业成功的可能性。所以，学习能力和学习的创新能力是创业者不断地自我完善，进而成功创业的关键条件。

② 战略识别的能力。创业者的成功就在于相对其他人而言能够更快、更准确地寻找或捕捉到商业机会。他们从不满足于已获得的信息，通过选择有效的信息来源，并从大量的信息中选出有价值的信息，不断地寻找更多的信息及时进行验证，为创业过程做好信息支持系统。创业者发现机会和挑选信息的能力是伴随整个创业过程的，它是保证创业顺利进展的核心要素。

③ 知人善任的能力。创业过程不可能由创业者一个人完成，创业者需要在创业的过程中选择并发展合适的合作对象，也就是说创业者需要具有网罗人才的能力。当然，新企业在发展的不同阶段对人才的需求有所不同。创业初期的企业通常对专业技术能力需求较高，而对制度化管理的需求不大，企业在这一阶段招募的主要是技术专家；当新创企业进入规模后，会加大对市场营销专家、财务主管等管理人才的需求。总之，企业的运转是由人来实现的，创业者要全面了解企业员工所掌握的技能，合理地分配任务，调动人们的热情。

④ 企业管理的能力。作为一个创业者，必须掌握现代管理的理念和方法，能从系统整体观念出发，统筹、协调、控制和优化各项资源，生产出适应市场需要的产品或服务。在企业研发、生产运作、市场销售过程中，必然会涉及资源配置、预测决策、经济分析、经济核算、成本费用等一系列管理问题；同时，在激烈的市场竞争中，企业的目标是追求利润的最大化，而利润＝收入－成本，在创新产品，开拓市场的同时，企业还要不断地降低各种成本，提高管理效益。这些都要求创业者不仅要精通专业知识，还要具备一定的企业管理能力。

（二）创业团队及组建

1. 创业团队的概念

团队不同于一般意义上的工作群体。两者之间最重要的区别在于：在团队中，个人所做的贡献是互补的；在群体中，成员之间的工作在很大程度上是可以互换的。所以，团队存在于一定的组织中，但由于团队自身的文化价值观、凝聚力等因素的影响，又使团队超越于个人、组织之外。工作群体中的成员相对独立地完成任务，团队成员要彼此协作完成任务；工作群体的成员不对整体绩效负有责任，团队中的每个成员都对整体绩效负有责任。

创业团队从构成人员的范围来看有狭义和广义之分。狭义的创业团队是指有着共同目的、共享创业收益、共担创业风险的一群创建新企业的人；广义的创业团队不仅包括狭义创业团队，还包括与创业过程有关的各种利益相关者，如风险投资家、供应商、专家顾问等。他们在新创企业成长过程中的某个阶段中起着至关重要的作用。

2. 创业团队的组建原则

① 互补性。创业者寻找团队成员的目的是弥补当前资源的不足。考虑到创业目标与当前资源的差距，所吸收的新团队成员与创业者、现有成员之间会存在较大的差异，这就带来了团队的多样化问题。良好的创业团队中，成员在性格、能力和背景上通常都能形成良好的互

补，而这种互补也有有助于强化团队成员间彼此的合作。

② 渐进性。不是所有的新创企业创立时都要配备完整的团队，团队的组建不一定要一步到位，可以按照"按需组建、试用磨合"的方式组建。在发展过程中，创业团队应根据企业在不同发展阶段面临的不同任务，逐渐补充具有相关才能的团队成员。

③ 动态性。在企业的发展过程中，由于团队成员遇到更好的发展机会或其能力不能满足企业当前的需要时，团队成员会被调整。

④ 协调性。充分多样化的创业团队能够拥有企业所需要的丰富经验，但是如果创业团队成员之间无法协调一致，甚至存在矛盾，那么这些多样化和互补性所带来的优势，就不能被充分发挥出来，甚至会给企业带来损害。创业团队协调性的根本基石在于创业愿景与共同信念。因此，在创业团队组建和发展过程中，创业者需要提出凝聚人心的创业愿景与经营理念，形成企业内部共同的目标、语言、文化，作为互信与利益分享的基础。

(三) 优秀创业团队的开发

1. 形成一致的创业理念和创业思路

这是团队形成凝聚力、相互信任和有效沟通的基础。许多创业团队的分化和解体，根本原因就在于缺乏共同的创业思路。

2. 建立共同的行动纲领和纪律制度

如果创业团队没有经过大家共同议定的行动纲领，就会使团队失去目标，很难形成凝聚力。如果没有完善有效的纪律制度，则很难保证成员相互工作的协调一致。建立团队纪律最首要的一点是：领导者要身先士卒，维护纪律。

3. 设计合理的工作绩效评估和激励体系

企业在创业之初，就应建立适合团队性质、任务和行为规范的绩效评估体系。绩效评估应关注业绩。体现成员的贡献差异，具有一定的灵活性，能够为成员的奖惩、职务调整和薪资安排提供依据，为成员与领导者之间提供正式沟通的机会。绩效评估既要使团队成员了解自己工作的实际效果以及企业对他的期望，更要使团队成员有明确的改进方向和目标。

绩效评估应是全方位的，包括对团队成员工作效果、工作潜能、工作态度、工作精神的考评。绩效评估的方式，可以采取量化或者面对面交流的方式，这两种方式各有所长，创业企业可以根据其实际情况取舍。企业仅有评估制度和评估指标是不够的，还要有员工的职业发展规划，帮助员工在工作中、培训中以及自学中不断提高自己的能力。在高新技术企业中，职业发展规划有时候比丰厚的薪酬更容易吸引和激励团队成员。

(四) 创业团队的所有权分配

创业团队组建后，创业者面临的一个关键问题是确定团队成员之间的工作分工与所有权分配方案。在所有权分配的问题上，创业者要在公平和激励之间做出良好的权衡。所有权分配要在团队成员内部体现出公平性，符合贡献决定权利的标准；但同时又要让所有权分配对于团队成员有一定的激励作用，让每个成员都感到所分配的股权比例超出了自己的预期。要做到这一点，首先要挑战的就是创业者自己的心胸和气度。团队所有权分配的一个重要的原则就是，要与帮助你创造财富的人一起分享财富。一旦过了这一关，创业者就不会在持股比例上斤斤计较了，毕竟零的51%还是零，关键在于如何把蛋糕做大。

如果创业者太贪婪，过分强调控制权，把公司大部分所有权都揽在自己手里，而不是与创业伙伴共同创造并分享一块大蛋糕，那一切都有可能成为泡影。蒙牛公司的创始人牛根生曾在多个场合强调"财聚人散,财散人聚"的道理,在公司经营过程中,他也始终注重与初始创业团队共分利益,甚至到了公司的快速成长阶段,将利益分享从核心创业团队拓展到高层管理团队,乃至普通员工中。但在现实中,仍有不少反例可鉴。

在确定所有权分配方案时,为避免后续的纠纷和冲突,创业者可以遵循以下3个重要原则:①重视契约精神。在创业之初,就要把所有权分配方案以公司章程形式写入法律文件,以契约形式明确创业团队成员的利益分配机制,这有助于保障创业团队的长期稳定。②贡献决定权利。所有权分配的目的是把创业蛋糕做大,而不是在蛋糕没有做大之前吵着未来怎样分家。③控制权与决策权统一。在创业初期,如果持有最多股份的团队成员不拥有公司的控股权,那么他对公司是非常危险的。因为他在心理上比其他成员更看重创业活动的绩效,也就更容易去挑其他成员的错误,甚至挑战决策者的权威,这样极容易引发团队的内部矛盾和冲突。因此,创业初期的创业团队更需要集权和统一指挥。

第二节　大学生创业的融资方式

一、创业融资的内涵与类型

融资是资金融通的简称,是指资金从剩余部门流向短缺部门。创业融资的类型有如下几种。

① 内部融资与外部融资。内部融资是指在企业内部通过留用利润形成资本来源。内部融资是在企业内部"自然"形成的,一般无须花费融资费用。新创企业的内部筹资主要来源于创业者自己的积累。

② 债务融资与权益融资。债务融资是借款性质的资金,资金所有人提供资金给资金使用人,然后再约定的时间收回资金(本金)并获得预先约定的固定的报酬(利息),资金所有人不过问企业的经营情况,不承担企业的经营风险,所获得的利息也不因为企业经营情况的好坏而变化。

③ 直接融资和间接融资。直接融资是指企业不经过银行等金融机构,直接与资金供应者协商贷款或直接发放股票、债券等筹集资金的活动。在直接融资过程中,资金供求双方借助于融资手段直接实现资金的转移。

间接融资是指企业借助银行等金融机构进行的融资活动,属于传统融资形式。在间接融资形式下,银行等金融机构发挥中介作用:预先聚集资金,然后提供给融资企业。间接融资的基本方式是向银行贷款,此外还有向非银行金融机构借款、融资租赁等。

④ 长期资金与短期资金。长期资金是指企业需用期限在一年以上的资金,通常包括各种股权资金和长期借款、应付债券等债券资金。

短期资金是指企业需用期限在一年以内的资金,一般包括短期借款、应付账款和应付票据等项目,通常是采用银行借款、商业信用等筹集方式取得或形成。

阅读材料:到底需要多少资金?

小王是一名会计专业的毕业生,毕业时想自己创办一家会计公司。在开办公司前,他进行了简单的市场调查,觉得这个行业有很大的市场空间,他对开办公司的必要支出进行了如下的估算:

在北京市海淀区租一间 20 m² 的办公室,每月需要 3 000 元租金;购置两台电脑,每台 5 000 元;一套最基本的财务软件 3 000 元;两台打印机需 3 500 元,一台针式打印机打印会计凭证和账簿,一台打印一般的办公文件;一台税控机 3 000 元,帮助客户进行纳税申报;一台传真机 1 000 元;购置 3 套办公桌椅,每套 300 元;购置饮水机一台,需要 500 元,每月需要 4 桶水,每桶水 15 元;事先置办一些办公用品及办公耗材,需 1 000 元,可供一个月使用;电话费、网费每月 320 元;水电费每月 200 元;同类会计公司的广告费每月 1 200~2 000 元,小王准备每月花 1 500 元;公司开业初期需雇佣 1 名会计和 1 名外勤人员,两人的工资每月合计为 3 500 元,社保合计每月 1 000 元;开户、刻章直至办完整套开业手续,大约需要 1 个月的时间,开业前的基本费用为 1 000 元。每家客户每月可以收取 250 元的服务费,为每个客户服务的基本支出大约为 20 元/月。另外,客户在 60 户以内时基本上不用增加会计和外勤。

于是,小王简单计算了一下,他创办会计公司所需资金为 33 480 元。由于开办公司的资金不是很多,而每一客户的利润较为可观,加上小王对自己的专业知识和开拓市场的能力非常自信,觉得自己的公司一定会开办得很红火。但是,为了以防万一,哪些项目考虑不周全,小王在筹集资金时还准备了一些风险资金,共筹集了 50 000 元。可是,公司刚刚经营了几个月资金就出现了断流,连支付房屋租金的钱都没有了。

阅读完上述资料,请思考:
(1) 小王公司的资金为什么会断流?
(2) 小王开办该公司大概需要多少资金?

二、创业融资的渠道

融资渠道是指筹集资金来源的方向与通道,体现着资金来源与流量,属于资金供给的范围。融资方式是指企业融资所采用的具体形式和工具,体现着资金的属性和期限,其中资金的属性是指资金的股权或债权性质。创业融资需要通过一定的融资渠道,并采用一定的融资方式来进行,不同的融资渠道及方式各有其特点和适用性。

(1) 权益融资渠道

权益融资的主要优点在于,因为投资者成为所投资企业的部分所有者,他们常常通过提供经验和援助来设法帮助这些企业。此外,与贷款不同,从权益投资者获得的资金不必偿还,投资者通过股利支付以及出售股票获取他的投资回报。权益融资的主要缺点是,企业所有者要放弃部分所有者利益,并可能失去某些企业控制权。

权益融资最常见的形式有以下 3 种:

① 天使投资。是指由自由投资者或非正式机构对有创意的创业项目或小型初创企业进行的一次性的前期投资,是一种非组织化的创业投资形式。

一般认为天使投资起源于纽约百老汇的演出,原指富有的个人出资,帮助一些具有社会意义的文艺演出,后来被运用到经济领域。20 世纪 80 年代,新罕布什尔大学的风险投资中心首先用"天使"来形容这类投资者。天使投资有三个特征:

● 直接向企业进行权益投资。
● 不仅提供现金,还提供专业知识和社会资源方面的支持。例如,惠普公司创业时,斯坦福大学的弗雷德里克·特曼教授,不仅提供了 538 美元的天使投资帮助惠普公司生产振荡器,还帮助惠普公司从帕洛阿尔托银行贷款 1 000 美元,并在业务技术等方面给予创业者很大的支持。

● 投资程序简单，短时期内资金就可到位。

天使投资人一般有两类：一是创业成功者；二是企业的高管或高校科研机构的专业人员。他们有富余的资金，也具有专业的知识或丰富的管理经验，由于年龄或职业、社会地位等因素的制约，不太可能从零开始单独创业；他们希望以自己的资金和经验帮助那些有创业精神和创业能力的志同道合者创业，以延续或完成他们的创业梦想，冒着可以承担的风险，在自己熟悉或感兴趣的行业进行投资，获取回报。

目前，我国的天使投资还不够发达，但社会对天使投资已越来越关注。例如，在温州地区，实际上早已活跃着类似的天使投资人。整个地区或温州人就像一个"资金网络"，对于想创业的温州人来讲，起步的资金是不用愁的。一个人只要有诚信，值得投入，在温州肯定能找到资金。相信随着市场机制的完善，信用制度的建立以及个人财富的积累和增加，天使投资一定会在促进我国的创业活动方面发挥更大的作用。

②风险投资。风险投资资金也称创业投资。

风险投资的本质内涵体现在三个方面：

● 以股权方式投资于具有高增长潜力的未上市创业企业，从而建立起适应创业内在需要的"共担风险、共享收益"机制。

● 积极参与所投资企业的创业过程，一方面弥补所投资金的企业在创业管理经验上的不足；另一方面主动控制创业投资的高风险。

● 不经营具体的产品，而是以整个创业企业作为经营对象，即通过支持创建企业并在适当时机转让所持股权，来获得资金增值收益。风险投资的投资对象大多为新企业或中等规模的企业，对目标企业有严格的考察，风险投资所接触的企业，只有2%~4%能最终获得融资。

前面提到的天使投资也是广义风险投资的一种，但狭义的风险投资主要是指机构投资者，天使投资与风险投资都是对新兴的具有巨大增长潜力的企业进行权益资金投资。不同点是：天使投资的资金是投资人的，并且自己进行管理，风险投资机构的资金则来自外部投资者，他们把资金交给创业投资机构，由专业经理人管理；天使投资一般投资于企业的早期或种子期，投资规模相对较小，决策快，风险投资的投资时间相对要晚，投资规模较大。

③上市融资。权益融资的另一种来源是，通过发起首次公开上市向公众出售股票。首次公开上市是企业股票面向公众的初次销售。当企业上市后，它的股票要在某个主要股票交易所挂牌交易。多数上市的创业企业，在非常倾向于科技、生物技术和小企业股票的纳斯达克股票交易所交易。首次公开上市是企业重要的里程碑。通常，企业只有证明自己可行并具有光明未来时，才能够公开上市。

企业决定上市有以下几个原因：它是筹集权益资金以资助当前和未来经营的途径；首次公开上市提升企业的公众形象，使它易于吸引高质量顾客，联盟伙伴和员工；首次公开上市是一个流动性事件，能为企业股东（包括它的投资者）提供将投资变现的机制；通过公开上市，企业创造了另一种可被用来促进企业成长的流通形式。一家企业用股票而非现金支付购买另一家企业的款额，是很平常的事情。当股票是"法定股本，而非已流通股票"，这实际意味着企业要发行新股来完成收购。例如，思科系统公司70多项购并中的绝大部分都是以这种方式支付的。

首次公开上市的一种变形是私募,即企业证券向大机构投资者的直接发行销售。私募发起时,不存在公开发行,也不必准备招股说明书。

(2) 债务融资渠道

商业银行贷款。从历史上看,商业银行并没有被看成是初创企业融资的可行来源。银行寻找的是能可靠地归还贷款的顾客,而不是寻找风险投资家所追求的能获得巨大成功的业务。一般而言,银行会对具有强大现金流、低负债率、已审计的财务报表、优秀管理层、健康的资产负债表的企业感兴趣。尽管许多新创企业拥有优秀管理层,但很少有企业具备其他特征,至少在早期是这样的。但银行对处于生命周期晚些时候的小企业是一种重要的信贷来源。

商业银行一贯不愿意贷款给初创企业,主要是由于以下两个原因:

- 为回避风险。银行经常有内部控制和制度约束,禁止它们从事高风险贷款。所以,当创业者向银行请求较大额度的贷款,并且创业者提供的抵押品仅仅是解决问题的计划以及某些知识产权的时候,通常无法获得贷款。银行用于指导贷款活动的标准,如最低的权益负债率,通常不利于初创企业。
- 银行贷款给小企业的利润不如贷款给大企业的高,所以大企业一直是商业银行的主要客户。如果创业者向银行请求较小额度的贷款,它的价值可能抵不上银行进行必要的调查以确定创业者风险特征所花费的时间。这些时间会产生相当大的机会成本。

近年来,为了缓解中小企业的融资困难,我国银行推出了许多新的金融产品。中国人民银行营业管理部在 2009 年 9 月推出的《北京中小企业银行融资创新产品汇编》中罗列了北京 24 家金融机构面向中小企业推出的 120 种金融创新产品。

(3) 融资的创造性来源

① 政府资助。许多国家的政府资金都会针对本国创业企业给予特别的支持。我国的个人资金和企业资金相对缺乏,各级政府都加大了创业资金的投入力度。例如,提供税收优惠、提供贴息贷款、建立担保基金和创业种子基金等,以及制定必要的法律、法规保障和促进风险投资业的发展。以科技型中小企业技术创新基金为例,该基金由国务院 1999 年批准设立,由科技部科技型中小企业技术创新基金管理中心实施。该基金通过无偿拨款、贷款贴息和资本金投入等方式扶持和引导科技型中小企业的技术创新活动,促进科技成果的转化,培育科技型中小企业,加快高新技术产业化进程。新创企业应密切关注各级政府的扶持资金。

② 战略合作伙伴。许多合作伙伴关系的形成,在于分担产品或服务开发成本、获得特殊资源以及推进产品面市速度。这些安排可以帮助新创企业减少对融资或资助的需要。例如,生物科技企业就极其依赖于合作伙伴的财务支持。那些规模非常小的生物科技企业,常与较大的医药企业结成伙伴来进行临床试验以及将产品推向市场。这种安排多数会包括许可证经营协议。典型的许可证经营协议运作如下:生物科技企业将处于开发状态的产品特许给制药企业,以换取产品开发期间以及后续的财务支持。这种安排为生物科技企业在药品开发时期提供了运营资金。事实上,提供给生物科技企业的资金,超过 50% 来自合作伙伴,因此与大企业形成联盟的能力是新创生物科技企业的一项关键能力。

③ 融资租赁。融资租赁起源于美国,是一种集信贷、贸易、租赁于一体,以租赁物件的所有权与使用权相分离为特征的新兴融资方式。融资租赁的主要优点是:它使企业用很少或不必预付的定金,就可获得资产的使用权。租约是某项财产的所有者允许个人或企业在特定时段内使用该财产,以换取报酬的一种书面协议。新创企业所订租约的两种最常见类型是设备

租约和固定资产租约。例如,许多新创企业向戴尔公司租赁计算机。

需要注意的是,融资租赁也有若干限制:融资租赁的针对性很强。从国内的情况来看,目前融资租赁应用较多的主要是医疗和公共事业类。融资租赁对于企业的资产规模、经营状况等指标也有一定的要求,融资租赁公司对于前来申请的企业及其融资项目的风险也会进行严格的审核。融资租赁也需要特定的标物,例如,具有一定抵押意义和可变现的设备、厂房等物品。融资租赁往往也会要求融资企业提供一定数量的保证金,额度相当于总的融资额度的20%左右。这些会对新创企业应用融资租赁造成一定的障碍。

三、创业融资的渠道匹配

创业融资具有鲜明的阶段性特征。创业企业不同阶段的资金需求量以及对应的风险存在差异,不同的融资渠道所能提供的资金数量也不相同。

在种子期和启动期,新创企业处于高度不确定中,只能依靠自我融资或亲戚朋友的支持,以及从外部投资者获取"天使投资"。风险投资很少在此时介入,而从商业银行获得贷款支持的难度更大。建立在血缘和信任基础上的个人资金是该阶段融资的主要渠道。

企业进入成长期后,已经具备了前期的经营基础,发展潜力逐渐显现,资金需求量也比以前增大。此时,依靠个人资金已无法满足企业的需要,企业也具备了进行机构融资的条件,风险投资、商业银行、政府支持计划等都成为可用的资金来源。此时,创业者应该充分发挥想象力,积极了解各方面的信息,尝试多种多样的融资方式。

企业进入成熟期后,债券、股票等资本市场可以为企业提供丰富的资金来源。如果创业者选择不再继续经营企业,可以选择公开上市、管理层收购或者其他股权转让方式退出企业,收获自己的成果。

四、创业资源获取的影响因素

创业必须要有心理准备,要有吃苦和百折不挠的精神,要勤奋、要有正确的方向和方法、要有良好的规划和人生设计。要充分利用现有的资源,要发挥自己的主观能动性,要发挥自己的优势扬长避短,要善于借势。

创业者应有效地组织交易,以最低的成本和最少的控制来获取所需的资源。影响创业资源获取的因素可分为内部影响因素和外部影响因素,其中内部影响因素包括战略方向、领导力、组织结构、企业文化等,外部影响因素主要是指社会网络。

(一)战略方向对创业资源获取的影响

战略方向影响着企业的资源获取,企业在将来的一段时间内将按照战略方向前行。战略不同,企业在不同阶段所需的创业资源也是不同的。如在创业初期,企业的战略方向是生存,因此对高级人力资源的需求可能不存在,而对资金资源的需求却可能十分强烈。所以,企业对未来的不确定环境的判断影响着企业对关键资源的依赖程度,以及对该资源的获取。

(二)领导力类型对创业资源获取的影响

领导力是领导者自身素质由内及外的表现,会使下属价值观趋近于领导者本身,增强下属的工作动力,在潜移默化中改进下属的工作表现能力。在创业的过程中,不同的领导风格在资源获取过程中发挥着不同的作用。领导风格一般可以分为变革型、交易型和家长式三种,这三种不同的领导风格均以自身独有的方式来获取资源。变革型领导鼓励用创新性思维思考问题,主张积极沟通,帮助员工深入了解企业内部现状,让员工能明白企业真正所需的资源类型;交易型领导会通过建立合理的激励机制,促使下属有动力和激情去获得新资源;家长式领导具有较强的集权性,会将下属已有的资源收归自己手中,推动下属使用其他创新方式去获得资源。

(三)组织结构对创业资源获取的影响

组织结构是组织内部工作人员为达成组织目标,根据某种标准将不同人员分配到权、责、利不同的岗位上的结构体系。组织结构的不同将导致获取资源的类型和方式有所不同,如果企业的组织结构分工细致、权责清晰,那么相关组织工作人员在相关领域内收集信息资源、人力资源就较为容易;而如果部分企业的组织结构是灵活分工、高度分权的,则会促使工作人员在组织中与其他成员形成更为可信的关系,建立更为有效的沟通机制,从而为企业获得关键信息资源。

(四)组织文化对创业资源获取的影响

组织文化是组织在发展过程中自发形成的一种共同的价值观与行为准则,组织文化能够帮助人们理解企业的使命。对于创业初期的企业而言,创业者应建立明确的价值观,他们的价值观和信念构建起初创企业不同类型的组织文化。不同的资源获取途径要求企业具备不同的选择能力和执行能力,进而需要不同的组织文化。组织文化大致可以分为外向开放型和内向封闭型两种:外向开放型的组织更注重从外部获得资源,如外部信息资源;资源内向封闭型的组织更注重在内部积累资源,如积累企业发展所需的资金资源。

第五章 新企业的设置与管理

案例导入：大学生创业遇到公司注册困难

张强、李海波、孙涛3人都是某名牌大学计算机专业的学生，经过业余时间的学习与研究，他们在开发安防系统方面取得了一项技术性突破；这项技术如果能在实际中应用，前景将非常广阔，于是3人准备合伙创办一家以开发安防系统为主的公司。

创办公司，首先要有资金，3人通过向亲戚朋友借款，共筹集了30万元作为启动资金，然后便开始张罗着给公司命名、选址和注册。在创办公司的过程中，虽然3人在产品的设计开发上都是高手，但是由于都没有创办公司的经历，导致在第一步"公司注册"就遇到了问题，连公司注册登记的程序都搞不清楚，这让他们心里没底。为了了解注册程序，他们到工商管理部门拿了一套注册公司的程序介绍书，深入研究一番后发现光是注册程序和注册问题就非常烦琐，这让3人犯了难。经过仔细研究，最终他们发现，要想完成公司注册，必须先弄清楚以下问题。

问题1：像他们这样开发安防系统的公司究竟应该注册什么类型的公司？
问题2：选择什么样的组织形式比较合适？
问题3：注册公司需要提供哪些资料？
问题4：进行公司注册的具体费用是多少？

启示：从上面的案例来看，任何一个人或团队在创办企业前，都必须先了解所创办企业的类型、组织形式。组织形式应当根据自身实际情况选择。然后熟悉创办企业的各项业务流程，以及所选择的企业组织形式在办理工商登记注册时需要具备的条件、应提交的材料和具体的办理流程。

对于新创立的企业而言，由于制度与管理都尚未成熟，因此需要制订一套切实可行的管理方法和盈利模式，使企业管理趋于正规化。

第一节 新创企业的类型

创业者应该在把握环境、识别商机的基础上，认真筛选出创办企业的创业机会和项目，然后依托一定的商业模式，使企业得以运转。在创办企业的过程中，创业者还必须了解新创企业的类型、组织形式，以便根据自身条件和项目特点做出正确的选择，闯出一片真正适合自己的新天地。

根据创业启动资金的不同来源或主创人员的不同构成，新创企业主要分为独立创业、合伙创业、团队创业和家族创业等类型。如何选择合适的新创企业类型，是每一个大学生创业者都必须面对的重要问题。

一、独立创业

独立创业的优势利益驱动力强、工作效率高、营运成本低、灵活性强，劣势是经营规模小、经营方式单一、决策随意性大、创业者常处于孤军奋战的境地。独立创业适合个体工商户、私营企业和自由职业3种类型的创业者。

（一）个体工商户

个体工商户是指在法律允许的范围内，依法核准登记，从事工商业经营的自然人或家庭。也就是说，个体工商户业主只需一个人或一个家庭。这类组织只需要业主有相应的经营资金和经营场所，然后到工商部门办理登记手续即可开业。个体工商户个人经营的，以个人全部财产承担民事责任；家庭经营的，以家庭全部财产承担民事责任。

2011年公布的《个体工商户条例》取消了对个体工商户内部从业人员人数的限制。同时增加规定：个体工商户申请转变为企业组织形式，符合法定条件的，登记机关和有关行政机关应当为其提供便利。由于注册资本无数量限制、从业人数无数量限制、开办手续比较简单等特点，个体工商户成为部分资金不充足、人脉资源薄弱的大学生初次创业的选择，主要涉及修理、服务、餐饮等行业。

（二）私营企业

私营企业是指由自然人投资设立或由自然人控股，以雇佣劳动力为基础的营利性经济组织。它的劳动主体是雇佣劳动者，最终目标是私人利润。私营企业又包括独资企业、合伙企业和有限责任公司3种类型。这3种类型中，有限责任公司可以依法取得法人资格；私营独资企业和私营合伙企业由于都不符合企业法人条件，不能取得法人资格。

（三）自由职业

自由职业是指不受公司或企业制辖，以个人能力或特长为个人劳动力的一种职业，如艺术家、律师、自由撰稿人等。

独立创业作为新创企业的基本类型之一，并不适用于所有创业者。它要求创业者必须具备一定的投资能力、极强的独立性和坚忍不拔的顽强斗志等。

二、合伙创业

合伙创业是指由两个以上的创业者通过订立合伙协议，约定共同出资、合伙经营、共享收益、共担风险，并对合伙企业债务承担无限连带责任的创业模式。

合伙创业可以根据合伙人出资的形式和承担的责任分为普通合伙和有限合伙；也可根据合伙人身份的特点分为个人合伙和法人合伙。合伙创业的优势是资金较为充足，可以发挥集体的智慧，容易形成内部的监督机制，有承担市场压力和风险的能力；劣势是由于每个合伙人承担风险的能力和心态不同，容易影响企业的发展决策，导致合伙人之间产生矛盾。合伙创业适合于有协作意识、信义品格和宽容精神的创业者。

阅读材料：良好的合作关系很重要

王某，女，西南民族大学艺术设计专业2015级学生，自己开设了一家画室，从事美术专业高考考生的考前培训。她在创业之前多次参加勤工俭学，先后在多家超市打工，做过手机卡、轮滑鞋的销售，也参加过学校的招生工作，并自制手工艺品出售，拥有较强的动手能力与沟通能力。

基于对自己能力的信任，王某开始了自己的第一次创业。她投资了1万多元和别人合伙开了一家饰品店，想为家人减轻负担，但由于对合伙人的了解不足，在经营中与合伙人产生了矛盾，导致饰品店的经营以失败告终，不但没有盈利，还亏损了3 000多元。第一次创业失败对王某的打击很大，使她明白合伙创业不等同于自己创业，要想取得成功，必须找到一个与自己合拍、品格好的合作伙伴。经过一段时间的调整,王某再次开展了创业工作,从她热爱的美术专业入手,开设了一家画室,找了一个对美术有激情且具备专业美术培训资质的合伙人一起创业。这次,王某吸取以前的教训,与合作伙伴维持良好的关系,她主导招生、财务和课程安排,合作伙伴主导美术技能培训与考前动员,两人成功经营起了画室并有一定的盈利。

对于经济实力薄弱的大学生创业者来说,选择合伙创业的方式筹集资金和人力是非常好的。但如果对合作伙伴缺乏足够的了解和信任,将存在较大的隐患。良好的合作关系是新企业生存的基础,王某第一次创业的失败就印证了这一点。

三、团队创业

团队创业主要以公司的形态出现,分为有限责任公司和股份有限公司,适用人群包括海归人士、科技人员、在校大学生、在职人员等。美国学者一项对104家高技术企业的研究表明,这些年销售额达到或超过500万美元的公司中,有83.3%的公司是由团队创立的。

在创业初期,需要一个由一群才能互补、责任共担、角色分工明确、愿为共同的创业目标奋斗的人所组成的创业团队。一个由研发、技术、市场、融资等各方面组成的、优势互补的创业团队是创业成功的法宝。

团队创业比个人创业具有更多的优势,能够集合团队成员的力量来推动创业,对创业成功起着举足轻重的作用。但是,如果团队存在问题,则很容易造成创业失败。

(一)团队的优势

一个人的力量是有限的,但是一群人的力量是无限的。团队创业凝聚了具备团队精神的一群人,具有以下几方面的优势。

(1)优势互补。俗话说"人无完人",每个人的能力、性格和品质都有不足的地方,如果找到可以互相取长补短、彼此协助和互相帮助的人,这样的人无疑是非常好的搭档。通过优势互补而建立起来的创业团队,能够充分发挥每个人的优点,将自身能力运用到极致,最终达到"1+1>2"的效果。

(2)降低风险。创业团队是一个整体,具有一荣俱荣、一损俱损的特点。团队成员共同对企业运营过程中可能出现的问题负责,当资金不足时,团队成员可以平均分担;当技术出现问题时,团队成员可以共同协商解决。每个人分工合作又互相关怀、帮助,使企业维持正常运转。这种共同努力、奋斗的精神,减轻了个人的压力,分散了创业的风险。

(3)帮助决策。由于不同的人对待事物的看法不同,所以创业者需要具有判断能力和识别能力的合作伙伴来给他提出忠告。这些忠告并不需要创业者完全听从,但必须指出事物的问题,并且有一定的参考性,最后通过创业者综合考虑之后做出决定。

(4)增强未来竞争力。俗话说"三个臭皮匠赛过诸葛亮",个人的能力往往比不上团队的力量,国内大多数企业发展到最后,都不是个人能力的竞争,而是人才、合作伙伴和资源的竞争。团队中拥有越多的人才,越能够营造团结向上、乐观进取的氛围,企业在激烈的竞争中越能处于有利的地位。

阅读材料:优势互补创业

张毅和李海波在大学毕业后合伙创办了一家电源设备生产公司。

张毅在大学所学专业是电器设备生产。公司创立后,张毅负责技术工作,带领技术创新团队进行产品研发,李海波则负责日常管理。虽然李海波没有行政管理等相关专业知识背景,但在大学社团活动中他表现出的管理能力让张毅很钦佩。就这样两人分工合作,开始为这家公司的发展共同努力。

经过几年的努力,张毅研发的产品每年的销售额少则几百万元,多则上千万元,而李海波也在实践中不断学习,逐渐提升自己的管理能力,以独到的管理方式把公司管理得井井有条。

经过两人的不懈努力,现在他们的公司年销售额已经超过3 000万元。但他们并未就此停止前进,年销售额突破1亿元成了他们的新目标。

(二)团队创业的优劣势

团队创业因为聚集了一帮有能力、有梦想的人,所以比个体创业更容易获得成功。但是,团队创业一方面容易造成依赖思想,养成团队成员的惰性思维,降低工作效率;另一方面,如果团队成员性格相同或相近,则容易犯相同的错误,而不同性格的人能够发现错误并给予提醒,这样的团队在今后的创业之路上往往走得更远。但这样也会有负面作用,如果创业团队中的领导者过于重视团队,强行将成员聚集在一起,可能会使成员感到个性受到压抑,产生排斥感,严重的还会导致团队解散。对于这种情况,就需要团队领导者进行协调。

阅读材料:团队成员不和导致团队解散

林佳佳在大学时学的是企业管理专业,在大学毕业后也找到了一份对口的工作,在一家外贸企业的市场部工作。工作两年后,林佳佳积累了一些客户资源,并学会了一些和客户打交道的经验。刘厉和杨丹是林佳佳的大学同学,大学毕业后他们两人分别在两家民营企业从事销售工作,各自都积累了一些客户资源并拥有一定积蓄。

一次同学聚会中,3人谈得投机,萌生了共同创业的想法。很快他们就凑齐了一笔创业资金,成立了一家公司,并在上海的一座写字楼里租了一间80多 m^2 的办公室,还购买了一些办公设备,包括计算机、打印机和复印机等。

创业之初,他们轮流开展市场工作,奔波于各个展览会场,向往来商户发放资料。经过不懈努力,他们终于迎来了第一个客户。为了给客户留下好印象,他们商量尽量降低利润,先提升产品质量和服务质量,打开市场后再盈利。后来,他们陆续签了几笔业务,口碑也越来越好。

但好景不长,由于客户订单金额较小,公司所赚的利润不多,加上日常支出和水电费等,他们只够勉强开支。有一次,刘厉和杨丹为了抢同一笔业务而吵了起来,尽管经过林佳佳的调解,两人各让了一步,化干戈为玉帛,但在以后的工作中,两人开始了明争暗斗,互相拆台。有一次刘厉还私下以公司的名义与厂商签了合同,导致产品出现问题,严重损坏了公司的名誉和利益。更糟糕的是,这件事渐渐在行业内扩散,刘厉和杨丹仍旧不知悔改。几个月后,公司陷入绝境,林佳佳在心灰意冷下提出了散伙的要求,并带走了自己的客户资源,这个创业团队就这样解散了。

四、家族创业

当今世界,家族企业是普遍和主要的企业组织形式之一,美国和英国的大多数企业都是家族企业。家族创业主要包括夫妻创业、父子创业、兄弟创业等。

家族创业具有成员关系伦理化、企业关系非确定性、创业动机非功利性等特点。家族创业的优势是以感情的力量团结、鼓励成员,不需要雇佣大量的骨干员工,创业骨干队伍稳定等;局限性是成员之间缺乏明确的责任、权利和义务的明文约定,容易各行其是,造成企业成员角色被家庭成员角色代替,影响企业正常运转等。

家族创业这种类型适合有家族企业背景和家族企业资源的创业者。对于大多数普通大学生,一般会选择独立创业、合伙创业及团队创业这3种类型。

阅读材料:王老板与他的企业发展

王老板是广东沿海一家较典型的民营企业的老板,他的企业的创办与管理主要依靠家族资源。王老板的堂兄主管生产;王老板夫人的妹妹掌管财务;王老板的外甥是营销部的主管;王老板的夫人在公司中虽然没有明确的职务,但主管销售,对其他事项也有发言权和管理权。特别是王老板不在公司时,王老板的夫人就担负起全面的管理责任。

在公司创办阶段,家族成员之间的紧密协作对公司的快速发展起到了非常重要的作用。但公司发展起来后,家族成员在经营、管理权限、利益分配方面难免会出现一些分歧。虽然都是家族成员,但每个家族成员在有些事情和时间的安排上并不好协调,每个家族成员也有关系亲疏不同的小圈子。家族成员在员工眼中都是"老板",对于他们的指示都选择听从和执行,但有时这些"老板"的指示相互冲突,造成员工手足无措。这是由于团队成员间分工不明确,并且未事先沟通好造成的。

由家族成员管理公司肯定有弊端,对此王老板也有所认识,因此,他注重引进外来人才充实管理层,希望等到条件成熟时把能力不够的家族成员替换下来。但在公司招聘的外来人才中,经常会有员工缺乏职业道德,携带公司商业秘密和客户资源投靠外商的情况;有些既有能力又有事业心,本想在公司好好干一番的人,因为管理太严,难免得罪人,不同的员工就会到各自的"老板"那里告状或寻求庇护,还会散布一些流言蜚语,暗中攻击其他人,使得有能力的人四面受敌,不得不另谋高就;有些人才进入公司,对所处环境熟悉后,觉得工作难度较大,害怕负责任,不敢有所作为,让"老板"觉得这些人没有能力,不想重用,导致他们即使有能力也难以发挥出来……

对此,王老板不得不认真思考:如何既能不亏待家族成员和资格老的创业者,又能引进高质量的人才并留住他们,让他们发挥作用?如何协调家族成员与非家族成员之间的关系?

随着经营环境的变化,家族企业必须吸引外来人才,并且整合家族成员与外来人才的关系,优化组织结构,才能有效地提高企业内部人力资源的运作效率。现在有不少家族企业,为了引进高质量人才,不仅给予高待遇,解决住房和子女就学问题,而且还尝试给高质量人才适量的股份,以更好地激励他们努力工作。

第二节 新创企业组织形式的选择

新创企业的组织形式不同,对创业者的要求也不同。只有对新创企业的概念、组织形式有了深入的了解后,创业者才能做出正确的选择,使创立的企业得以生存和发展。

一、新创企业的组织形式

现代企业的组织形式按照财产的组织形式和所承担的法律责任不同,通常被划分为不设立公司的企业和设立公司的企业。不设立公司的企业形式为个体工商户、个人独资企业、合伙企业;设立公司的企业通常称为"公司",是指依照《中华人民共和国公司法》(以下简称《公司法》)规定设立的企业,包括有限责任公司和股份有限公司两种。下面对个体工商户以外的其他企业组织形式进行介绍。

（一）个人独资企业

个人独资企业简称独资企业，是指由一个自然人投资、全部资产为投资人所有的营利性经济组织。独资企业是一种很古老的企业组织形式，至今仍被广泛运用，其典型特征是个人出资、个人经营、个人自负盈亏和自担风险。

（二）合伙企业

合伙企业是指由两个或两个以上的自然人通过订立合伙协议，共同出资经营、共负盈亏、共担风险的企业组织形式。

（三）有限责任公司

有限责任公司又称有限公司，是指由符合法律规定的股东出资组建，股东以其出资额为限对公司承担责任，公司以其全部资产对公司的债务承担责任。

（四）股份有限公司

股份有限公司又称股份公司，注册资本由等额股份构成，股东通过发行股票筹集资本。我国《公司法》规定，股份有限公司是指其全部资本分为等额股份，股东以所持股份为限对公司承担责任，公司以其全部资产对公司的债务承担责任。

（五）一人有限责任公司

一人有限责任公司是指只有一个自然人股东或一个法人股东的有限责任公司。一人有限责任公司的股东不能证明公司财产独立于股东自己的财产的，应当对公司债务承担连带责任。

二、选择企业组织形式需考虑的因素

大学生创业者在选择企业组织形式时，要多咨询、多比较、多考虑，比较、分析不同的企业组织形式，根据实际情况选择所需的企业组织形式。企业组织形式多种多样，有的企业组织形式对别人来说是一种优势，但对自己来说却是劣势。创业者要从自身的实际情况出发，选择适合自己的企业组织形式，争取以最小的投资获取最大的收益。

阅读材料：选择适合的企业组织形式

学过平面设计的李琴想开一个设计工作室，但由于一时还凑不出创业所需的资金，便暂时放下了创业的想法，到本地较大的一家平面设计机构鹏飞公司应聘。鹏飞公司的领导看到李琴出色的设计作品时，立即决定聘用她为公司的平面设计师。而李琴也非常珍惜这个机会，她刻苦认真、谦虚好学，不断从老设计师身上学习设计技术和理念。由于李琴的工作成绩非常优秀，公司开始把重要客户的设计工作交给她负责。

李琴在认真工作和学习的过程中，也始终在为自己的创业做准备。在鹏飞公司工作一年多后，李琴正式辞职，决心用自己的积蓄创业。为了节约成本，李琴租下了一栋旧写字楼里的一间仅十几平方米的小办公室。有了办公室之后，李琴又到旧货市场买了办公桌椅、文件柜等办公家具，并把自己家里的计算机搬到办公室，她还买了一台彩色打印机，所有成本总共不到1万元。

一切准备工作就绪后，李琴到工商局进行注册咨询，咨询后得知，如果注册有限责任公司，各种手续办下来要花2 000多元，而注册个体工商户的花费要少很多，于是她就用"李琴设计工作室"的名字办理了个体工商户的注册手续。当领到营业执照时，李琴无比自豪，她的创业梦想终于走出了第一步，接下来就可以开展业务了。

各种企业组织形式各有利弊，不能简单地说某种形式好或差，但总体而言，选择企业组织形式应当考虑以下 11 个方面因素。

(1) 资本和信用的需求程度。
(2) 投资者的责任。
(3) 开办程序的繁简与费用。
(4) 创办企业的规模。
(5) 企业的控制和管理方式。
(6) 组织正式化程度与运营成本。
(7) 利润和亏损的承担方式。
(8) 税赋。
(9) 权益转移的自由度。
(10) 企业的行业性质。
(11) 法律的限制。

第三节　新创企业设立的流程

一、注　册

设立新创企业的第一步是公司注册。一般来说,公司注册的流程为企业核名—提交材料—领取执照—刻章。完成公司注册后,要想正式经营,还需要办理银行开户、税务报到、申请税控和发票、社保开户等事项。

随着"五证合一"改革的推行,现在开设企业的流程相比过去简化了许多。新企业设立流程从工商注册到正式运营简化为办理"五证合一"—刻章—银行开户—税务登记。

自 2016 年 10 月 1 日起,"五证合一"在全国全面正式实施。"五证合一"是指工商局的营业执照、税务局的税务登记证、质监局的组织机构代码证、社保局的社会保险登记证、统计局的统计登记证合并为一个加载有统一社会信用代码的工商营业执照,实现"一照一码"的最终目的。其中,"一照"即"五证"合为一张营业执照;"一码"即营业执照上加载的由工商局直接核发的统一社会信用代码。"五证合一"的办理流程如图 5-1 所示。

企业"五证合一"是指在营业执照、组织机构代码证、税务登记证"三证合一"登记制度改革的基础上,整合社会保险登记证和统计登记证,共"五证"整合到一张工商营业执照上。

(一)"五证合一"的办理流程

随着"五证合一"的推行,新办企业的工商注册变得更简单。与以前的办证流程相比,"五证合一"减少了在不同部门来回奔走审核资料的烦琐,可以直接前往办证大厅的多证合一受理窗口进行办理。当然,"五证合一"同样需要企业首先进行企业名称预先核准,然后填写《新设企业五证合一登记申请表》,审核企业相关材料。

1. 企业名称预先核准

首先,需要进行企业核名操作。核名时首先要选择企业类型,企业类型包括个人独资企业、合伙企业、有限责任公司、股份有限公司等,然后准备最多 5 个企业名称。到工商局领取《企业名称预先核准申请书》,在其中填写准备申请的企业名称、注册资本、企业类型、住所所在地、委托代理人等信息,由工商局上网检索是否有重名,如果没有重名,便会核发《企业名称预

第五章　新企业的设置与管理

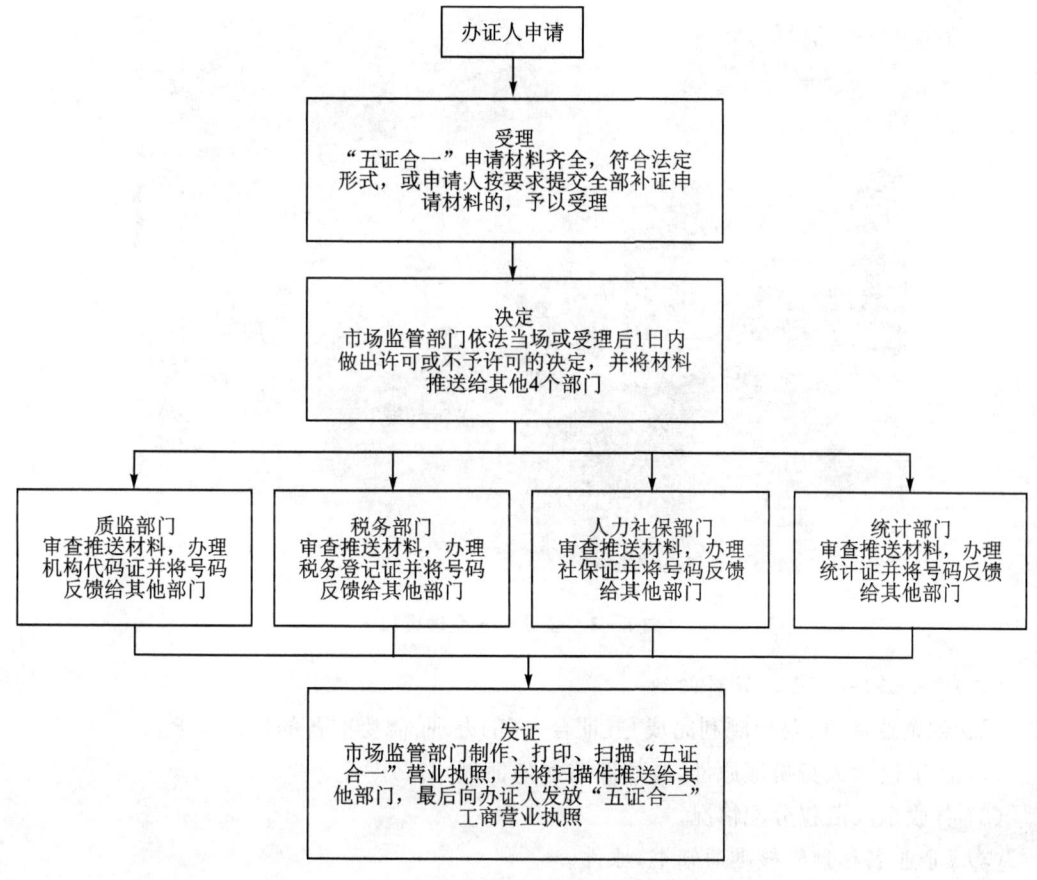

图 5-1　"五证合一"的办理流程

先核准通知书》。

进行企业名称核准后，如果办理注册申请的申请人没有厂房或办公室，还需租房。办理租房手续需要签订房屋租赁合同，签订合同后应到税务局办理印花税缴纳手续。

2. 审核领证

办证人通过工商网报系统填写《新设企业五证合一登记申请表》，然后持申请审核通过后打印的《新设企业五证合一登记申请表》，前往办证大厅多证合一受理窗口进行办理如图 5-2 所示。

窗口工作人员核对信息、资料无误后，将信息导入工商准入系统，生成工商注册号，并在"五证合一"平台生成各部门号码，补录相关信息。同时，由工商局工作人员扫描企业材料，并将《工商企业注册登记联办流转申请表》传递至质监、税务、人力社保、统计等部门，由其分别完成后台信息录入。最后打印出营业执照。

对于个体工商户，从 2016 年 10 月 1 日起推行"两证整合"，由工商部门向个体工商户核发加载 18 位数字的"统一社会信用代码"营业执照。该营业执照具有原营业执照和税务登记证的功能，税务部门不再发放税务登记证。个体工商户办证所需的资料包括从业人员证明、经营场地证明、家庭经营的家庭人员的关系证明。食品、餐饮、特种养殖、烟酒等行业，还需要健康证和许可证。

图 5-2 多证合一受理窗口

（二）"五证合一"办理资料归纳

就新创企业而言，要想顺利完成"五证合一"的办理，需要准备的资料如下：

(1) 法定代表人身份证原件，全体股东身份证复印件。

(2) 各股东间股权分配情况。

(3)《企业名称预先核准通知书》原件。

(4) 由工商局审核通过的企业经营范围资料。

(5) 企业住所的租赁合同(租期一年以上)一式两份及相关产权证明(非住宅)。

(6) 如果企业为生产型企业，还要有公安局消防科的消防验收许可证。

（三）"五证合一"的办理优势

"五证合一"是在"多证联办"的基础上，通过建立审批信息共享平台，整合各发证部门的受理窗口、申报表格、审批流程等，达到"一表申请、一窗受理、并联审批、一份证照"的改革目的，同时降低行政成本和社会成本，方便企业准入，提高登记效率。

与改革前相比，"五证合一"的办理优势是显而易见的，主要体现在证件数量、办理部门、提交材料和办理时间上，优势对比如下：

(1) 改革前要办的证件有 5 个，分别是营业执照、组织机构代码证、税务登记证、社会保险登记证、统计登记证；改革后只需办理 1 个证件，即营业执照，上面加载有组织机构代码、税务登记证号、社会保险登记证号和统计登记证号。

(2) 改革前要前往工商、质监、税务、人力社保和统计部门办理证件，改革后只需要在多证合一受理窗口办理即可。

(3) 改革前需要向 5 个部门提交 5 份材料，改革后只需要提交一份材料，各部门共享。

(4) 改革前办理的时间至少在半个月以上，改革后只需要 3 个工作日即可领证，有时甚至能够实现当场领证。

二、刻制印章

印章具有法律效力,不能随意刻制。新创企业申请刻制相应的印章,需持营业执照复印件、法定代表人和经办人身份证复印件各一份,以及由企业出具的刻章证明、法人代表授权委托书,到公安局指定的机构进行刻章。一般说来,公司常用的印章有如下几种。

(1) 公章。公章是公司所有印章的权威,代表公司的最高效力。不管对内、对外它都代表了公司法人的意志,使用公章可以代表公司对外签订合同、收发信函、开具公司证明。

(2) 合同专用章。合同专用章是公司对外签订合同时使用的。相关合同的签订在公司经营签约范围内必须盖上合同专用章才能生效,因此,它代表着公司需承受由此产生的权利和义务。一般公章可以代表合同专用章使用。

(3) 财务专用章。财务专用章的用途比较专业化,一般针对单位会计核算和银行结算业务使用。

(4) 法人章。法人章就是公司法定代表人的个人用章,它对外具备一定的法律效力,可以签订合同、出示委托书文件等。

(5) 发票专用章。发票专用章就是公司在经营活动中购买或开具发票时需加盖的印章。当然,在发票专用章缺少时,可以用财务专用章代替,反之不可行。

三、开立企业银行账户

创业者要创办一家企业,往往需要通过银行进行资金周转和结算,这就不可避免地要和银行打交道,因而创业者也要了解如何办理银行开户、销户等手续。

(一) 银行账户的种类

按照国家现金管理和结算制度的规定,每家企业都要在银行开立存款结算账户(即结算户),用来办理存款、取款和转账结算。银行存款结算账户分为以下 4 种。

(1) 基本存款账户。基本存款账户是企业的主要存款账户,主要用于办理日常转账结算和现金收付,以及存款单位的工资、奖金等现金的支取。该账户的开立需报当地中国人民银行审批并核发开户许可证,开户许可证正本由存款单位留用,副本交开户行留存。一家企业只能在一家商业银行的一个营业机构开立一个基本存款账户。

(2) 一般存款账户。一般存款账户是企业在开立基本存款账户以外的银行开立的账户。该账户只能办理转账结算和现金的缴存,不能办理现金的支取业务。

(3) 临时存款账户。临时存款账户是企业的外来临时机构或个体工商户因临时开展经营活动需要开立的账户。该账户可办理转账结算以及符合国家现金管理规定的现金业务。

(4) 专用存款账户。专用存款账户是企业因基本建设、更新改造或办理信托、政策性房地产开发、信用卡等特定用途开立的账户。该账户支取现金时,必须报当地中国人民银行审批。

(二) 银行开户手续的办理

办理银行开户手续需要填写开户申请书并提供有关证明文件。开立不同的账户,所需材料也不同,具体如下。

(1) 基本存款账户。需提供当地工商行政管理机关核发的企业法人营业执照正本。

(2) 一般存款账户。需提供基本存款账户的开户人同意其独立核算单位开户的证明。

(3) 临时存款账户。需提供当地工商行政管理机关核发的临时执照。

(4) 专用存款账户。需提供有关部门批准的文件。

四、办理税务登记

新创企业领取由工商行政管理部门核发的加载有统一社会信用代码的营业执照后,虽然无须再次进行税务登记,办理税务登记证,但仍需要前往税务机关办理相应的后续事项,才能进行正常缴税。

首先,新创企业纳税人需要办理国税地税一户通。国税地税一户通实际上是企业、银行与税务机关三方签订的扣款协议,用于企业网上申报税扣款。办理方法比较简单,到税务机关的办公点(行政服务中心地方税务局登记窗口、所在地主管税务机关),取得《委托银行划缴税(费)款三方协议书》(一式3份),加盖本单位公章后,到银行开设缴税(费)款专用账号(一般就是企业的基本存款账户),银行在协议书上盖章并退回两联。纳税人将银行盖章的协议书送到主管税务机关办理划缴税(费)款登记手续。

其次,新创企业在办完首次涉税业务后,按期持续申报是今后要注意的关键事项。

第四节 新创企业的管理

为了促进企业管理水平的提高,增强企业的竞争力和发展力,创业者应掌握企业管理的基本原理、方法及其他管理知识,并能够运用这些管理知识和方法来解决企业管理中的实际问题。

一、新创企业管理的原理与方法

对于新创企业,创业者应该运用合理的、科学的管理原理和方法,结合实际情况进行管理。

(一) 企业管理的基本职能

管理是指创业者通过计划、组织、领导、控制等职能来有效协调人力、物力和财力等资源,以便更好地完成组织目标的过程。下面具体介绍企业管理的基本职能。

1. 计 划

计划是指管理者根据生产经营的需要,为企业的各个部门、环节和人员在时间与空间上规定其具体任务。计划先于其他管理工作,是决定生产经营系统能否有秩序、有效率地进行活动的首要条件,它包括确定或指定目标、措施、工作程序和各种标准等工作。企业的计划管理,除必须保证按期、按量、按质地生产产品外,还应突出经济效益和社会需要。因此,管理者要重视对市场的调查和预测,使计划建立在可靠的基础上。

2. 组 织

组织是指管理者根据企业的总目标和管理的要求,将生产经营的各个要素,在劳动分工、协作和人员配备等方面,用各种结构形式,合理、紧密、高效地加以组合与协调,以形成一个有机的整体。有效的管理组织系统,应该明确各级管理机构和人员的职责范围,迅速准确地传递各种信息。组织是达到目标、完成计划的保证。

3. 领 导

领导是指管理者利用职权和威信施展影响,指导和激励企业员工努力实现目标的过程。领导工作包括激励下属、指导下属行动、选择有效的沟通途径或解决组织成员间的纷争等。领导工作的核心和难点是调动组织成员的积极性,它需要领导者运用科学的激励理论和合适的领导方式。

4. 控　制

控制是指管理者对一切工作加以分析和检查,判断是否背离原定的计划和目标,找出弱点和错误,及时分析原因,并予以纠正,使企业资源有效运用于企业的各方面。企业应尽可能做到预先控制,并建立标准,加强信息反馈。

(二) 企业管理的基本原理

企业管理的基本原理是管理理论的核心,是经营和管理企业必须遵循的一系列基本的管理理念和规则,也是实现企业有效管理的基础。企业管理的基本原理主要有以下6个方面。

1. 人本原理

人本原理是指一切管理活动应以调动人的积极性,挖掘人的潜能为根本。人是管理活动中最活跃的因素,既是管理的主体,又是管理的客体。因此,现代企业管理强调以人为中心,要求对组织活动的管理既做到"依靠人的管理",又做到"为了人的管理"。

2. 系统原理

系统原理是指在管理活动中必须运用系统理论、系统思路、系统工程、系统方法来进行系统管理。企业是一个系统,由各子系统及要素构成,外部环境是一个大系统。管理者要正确掌握整体、局部及内外彼此之间的关系和相互作用,使企业整体效益最优。

3. 整分合原理

整分合原理是指现代管理的高效率和高效益,必须在整体的规划下,进行明确的分工,并在分工的基础上,进行有效的结合。"整"是集权、统一;"分"是分权、分工,两者要妥善结合、互相协调。

4. 反馈原理

反馈原理是指管理者为了确保及时、准确、高效地完成既定计划,达成组织目标,必须快速准确地掌握组织内部和环境的变化,及时将系统的运行状态和输出结果与原计划和目标进行比较,以便出现偏差时立即采取行动加以纠正或修改,保证组织目标的实现。

5. 能级原理

能级原理是指管理者应建立一个合理的能级结构,并按一定的规范和标准,将管理内容置于相应的能级之中,以实现管理的高效能。不同的能级随组织机构的层次而不同,要各尽所能。

6. 弹性原理

弹性原理是指管理必须保持充分的弹性,并留有余地,以适应客观事物可能发生的变化,有效地实行动态管理。企业应随时保持应变能力,运用弹性原理,并适当地掌握物质动力和精神动力,作为一切工作的推进力。

(三) 企业管理的基本方法

企业管理的方法是指管理者在管理活动中为实现管理目标、保证管理活动顺利进行所采取的工作方法,而企业管理的基本方法是从各种具体方法中概括出来的,主要有以下4个方面。

1. PDCA 循环

各种管理方法都有其独特的个性,但深入探究各种方法实施的全过程时,会发现它们有相似的规律——按照计划(Plan,P)、执行(Do,D)、检查(Check,C)、处理(Act,A)(即 PDCA)的循环过程不断地重复进行。美国统计学家戴明提出的 PDCA 循环也叫做戴明循环,在质量管理工作中得到广泛推广。其实,它的应用大大超出了质量管理的范围,它不仅反映了计划、组织、控制三项管理功能的有机结合,也反映了企业经营管理工作的一般规律。PDCA 循环是企业经营管理中最基本的方法。

(1) PDCA 循环的含义:P(计划),根据企业目标制订计划;D(执行),按照计划制订措施,组织执行;C(检查),对照目标,检查效果,发现问题;A(处理)总结经验,对于成功的经验予以肯定并将其纳入标准,把遗留的和新产生的问题转入下一循环,然后制订新的目标,继续循环解决。

(2) PDCA 循环的运行状态:PDCA 循环犹如车轮一般,按 P、D、C、A 4 个阶段不停转动;整个企业的管理系统构成一个大的 PDCA 循环,而各个部门、各个环节的管理又都有各自的小的 PDCA 循环,大环套小环、小环保大环、一环扣一环;PDCA 循环每转动一圈企业的经营管理水平就提高一点,PDCA 循环不停地转动,问题随之不断得到解决,企业的经营管理水平也不断提高。

2. 目标管理

目标管理是指管理者以企业总目标为依据,从最高领导开始,各级主管与下属协同制订本部门和每个人的目标,以及达到目标的计划和实施进度。然后据此填写目标卡,并将全过程记录下来,到期做出评定,给予奖惩,而后重新制定目标,再开始新的循环的方法。显然,这种方法是 PDCA 循环在计划管理方面的应用。

实行目标管理可以在指定时期内获得明显的效果。优点是上下协调,层层落实,检查、控制、奖惩都比较容易执行;缺点是容易忽视非定量的目标、例外事件或新的机会,外部环境多变时,容易打乱原定部署。

3. 满负荷工作法

满负荷工作法是指管理者先对企业的各项工作提出较为先进的目标,然后把目标分成几个阶段逐步实现,而后层层落实,形成保证体系,并与个人报酬挂钩。满负荷工作法的主要内容有 9 项,质量指标、经营指标、设备运转、物资使用、资金周转、能源利用、费用降低、人员工作量、8 h 利用率。该方法适用于管理基础较差的企业,需结合具体情况推行。

4. 例外管理

例外管理是指企业内部各级主管把自己部门中的工作分为两类:第一类是常规工作,可以授权下属去做;第二类是必须自己亲自过问的例外工作。各级主管在进行工作分类时,应先制订一些必要的标准和规章,把第一类工作交给经过训练或有经验的下属,使其在规定范围内按章执行,定期汇报。当遇到例外的事情时,下属必须立刻报告主管,由主管亲自处理。

例外管理的优点是主管可以集中精力处理重要事务,并能充分发挥下属的能力。缺点是制订标准和规章需要技巧与经验,并且当下属未能及时汇报例外情况时,容易导致失误。

二、基础管理与人力资源管理

基础管理是指企业开展专业和综合管理活动的基础的工具和方法,而专业管理和综合管理则是将基础管理作用于各项经济活动资源要素,以实现企业目标及价值并尽可能提高投入产出效率的过程。

（一）基础管理

企业要搞好经营管理，必须先做好基础管理工作，基础管理工作主要包括以下6个方面。

1. 规章制度

企业必须贯彻执行国家的法令、条例和政策，根据实际需要制订必要的企业规章、守则，还要制订严格的制度，使考勤、交接班、工艺操作、质量检验、财务出纳等环节都有章可循。在制订规章制度的过程中，要贯彻民生集中的原则，并且在执行时要严格，尤其是领导和管理人员要身体力行，不能例外，这样才能凝聚人心，促进企业长足发展。

2. 原始记录

企业一切活动的结果必须以一定的表格形式，用数字或文字加以记录。管理者要随时更新企业内部的各项原始记录和技术、管理、经营资料，使之形成统一协调的企业信息系统，以适应现代企业经营管理的需要。原始记录是健全企业经营管理工作的重要内容，其信息必须准确，绝对不能主观估计，更不能凭空捏造。

企业原始记录的内容包括生产、销售、劳动、原材料（燃料、工具）、设备动力、财务成本、技术等。各种技术文件与管理文件（如产品设计任务书、设计图纸）、各类工艺卡片、工艺操作规程、图纸及工艺更改通知单、产品质量鉴定报告、各种计划大纲及定额资料，都是企业生产活动必不可少的原始材料。

3. 计量监测工作

企业应根据生产规模和实际工作的需要，设置专门的计量监测机构，配备必要的人员，购置必要的计量监测器具，建立标准，加强对器具的检验和维修，以保证其准确性。另外，企业还应健全计量监测工作责任制，制订计量监测工作规程，并严格执行，提高计量监测工作质量。这对保证产品质量、提高劳动效率、加强经济核算，以及对材料、物资的收发和消耗，都有极大关系。小型企业可能会因为财力不足，无法置备昂贵的计量或测试设备。针对这种情况，小型企业除了购置必需的器具外，还可以与大型企业合办测试中心，或利用科研机构的设备进行工作。

4. 统计工作

企业有了比较完整的原始记录之后，就要进一步根据有关规定和企业需要，应用统计方法及时对原始记录加以统计分析，而后才能开展决策、计划和定额等工作，并将统计分析结果作为检查考核的依据。统计工作以原始记录为基础，涉及整个企业。统计工作必须及时、全面、准确。做好统计工作有利于各级管理人员处理问题，做出决策，进行检查、控制和指挥。

5. 定额工作

在一定的生产技术和生产组织条件下，企业要规定人、财、物消耗应当达到的定额标准。企业经常采用的定额标准如下。

（1）生产。生产周期、生产批量、产品定额等。

（2）劳动。单位产品（或零件）的工时定额、工序工时定额、设备看管定额、工时利用率等。

（3）物资消耗。单位产品（或零件）、原材料（燃料、动力、工具）消耗定额、材料利用率、物资储备定额、采购周期等。

（4）设备。单位产品（或零件）台时定额、设备生产能力（容量）定额等。

（5）成本费用。单位产品（或零件）成本定额、企业管理费定额、车间经费定额等。

（6）财务资金。储备资金定额、生产资金定额、成品资金定额、资金利用率、百元产值占用流动资金、流动资金周转天数等。

(7) 其他。工具消耗定额、单位产品面积产量定额、单位产量耗电定额等。

有了科学的定额体系,还要科学地制订定额管理制度。良好的定额管理制度对企业的组织劳动、推动经济责任制度、贯彻按劳分配、提高劳动生产率、加强经济核算、降低产品成本都有重大作用。

6. 员工培训

企业应将员工培训作为一项基本建设来进行。进行员工培训的第一步是确定培训目标,确定培训目标时必须结合企业的实际条件和决策目标。企业根据一定标准招收新员工后,新员工要有一个熟悉业务、认同企业形象的过程。有些大型企业有计划地组织员工参加培训,为员工讲授企业文化、企业历史、经营思想、管理技巧、行为科学、公共关系等课程,并以其作为提升干部、补充中高级经营管理人员的手段。进行员工培训是有进取精神的大型企业的自我发展之路。

(二) 新创企业的人力资源管理

新创企业的特点是小巧、灵活,因而在人力资源管理上,新创企业不必像大企业那样面面俱到,只需要根据自身特点,充分发挥自身的优势即可。新创企业的人力资源管理工作包括以下5个方面。

1. 突破血缘关系,走出家族制的藩篱

新创企业多半是靠创业者白手起家,一点一滴做起来的。新创企业在原始积累的过程中,经历过千辛万苦甚至是生与死的较量,早期建立的新创企业尤其如此。因此,许多企业领导人把企业财产视同私有财产,在企业中担任要职的往往是家族成员,而对企业中非血缘关系的员工信任度低,非血缘关系的员工很难享受股权,便被视为打工者。新创企业要加快制度变革的步伐,早日走出家族制的藩篱。

2. 制订科学的管理标准

管理标准是企业管理者履行管理职能时必须遵循的权责标准、程序标准、法律标准、制度标准及实施标准(能做什么、谁去做、怎么做以及不能做什么),这些标准具有明确的规定性和较强的约束力。建立并贯彻执行管理标准是现代企业管理区别于传统企业管理的一个鲜明特征,新创企业必须站在管理法制化、科学化的高度来认识管理标准的重要性。

3. 制订严密的管理制度

企业的管理制度一经制订,就是企业至高无上的"法",每个人必须依"法"办事。管理制度必须具有时效性、可操作性、明晰性,让企业和员工一起成长。

4. 管理方法与手段的多样性和综合性

管理方法与手段是随着社会和科技发展而不断丰富、发展的,管理方法与手段的应用直接影响管理效果。

5. 提升企业文化

企业创立初期,对员工的吸引主要是靠人性化的管理和机会牵引。应当承认,新创企业家族式管理的凝聚力和战斗力有天然的合理性。然而,随着企业的发展、业务和人员的稳定以及制度的规范,家族式企业的优势会渐渐减少,维系员工除了合理的薪酬激励和公平分配外,更主要的是企业文化的牵引,企业必须提供共同奋斗的愿望、价值观念和文化氛围,并激发员工目标。

三、新创企业的团队管理

"团队"是指企业管理和企业创立中的热门词语。现代企业非常重视团队的建立和管理。团队是由员工和管理层组成的一个共同体,团队成员有共同的理想目标,愿意共同承担责任,共享荣辱。在创业初期,大学生创业者应重视优质创业团队的组建,创业团队会带来工作分担、集体智慧、心理支持等好处。

创业者组建创业团队前需要了解基本原则,然后按照一定的步骤来进行,这样才能使团队更加合理,最大限度发挥团队的作用。

一个成功的创业者需要知道如何管理团队,并具备高效的团队运作能力。一般而言,创业团队需要从以下6个方面来进行管理。

(一)合理搭配团队成员

创业者在组建创业团队时,应该在充分考虑当前资源与能力的不足的条件下,寻找需要的合作伙伴。一般来说,好的创业团队成员间的性格、能力通常都能形成良好的互补关系,而这种互补关系能最大限度地调动团队成员的能动性,帮助团队成员高效完成工作。

创业团队并不是一蹴而就的,而是随着企业的发展逐渐完善形成的。在这个过程中,团队成员可能会因为理念不合、做事手法不同或其他原因离开,但又会有新的成员不断加入,逐渐更新团队中的成员,以形成适合企业发展的创业团队。

(二)培养互相信任的氛围

建立并维护互相信任的团队氛围,是团队成员互相协作的基础。如果团队成员之间互相猜疑,那么会导致企业内部分裂和企业瓦解。简单地说,就是要增加团队成员之间的信任,增强团队成员的凝聚力。

创业者在选择合作伙伴时首先要着重考虑合作伙伴的人品和能力;其次,还要考虑对方是否诚信,行为和动机是否带有很强的私心,是否有集体荣誉感,能否与其他成员以诚相待并和平相处。

(三)公平而有弹性的利益分配

创业之初的股权分配与创业过程中的贡献往往并不一致,因此会发生贡献与报酬不一致的现象。此时创业者就要好好协调两者之间的比例,制订一套公平的利益分配机制,以弥补这种不公平的现象,避免团队成员之间因为利益问题而产生隔阂。例如,新创企业可以保留一部分(5%~15%)盈余或股权,用来奖赏以后有显著贡献的团队成员。

(四)良好的约束机制

创业团队组建的过程是一个随时变化的过程,因此创业者应该对团队成员的工作进行明确分工,并根据其分工,制订相应的奖惩条例。

阅读材料:分工不明确导致团队散伙

小李和小王是从小一起长大的好朋友,两人合伙开了一家建材店。因为从小一起长大,感情好,不分彼此,便没有制订任何运营策略。开业之后,小李为了提高店铺业绩,四处奔波寻找合作商;小王则游手好闲。3个月过去后,建材店凭着小李拉来的订单维持正常运转,小王则毫无建树。小李看不下去便批评小王,没想到小王反而抱怨自己每天辛辛苦苦为了建材店奔波,不仅工资不高,还要被指责。一气之下,小王提出了撤资。

(五)有效的沟通机制

及时有效的交流和沟通可以消除创业过程中出现的一些矛盾和问题。特别是当出现员工对企业信心不足、员工发生口角、员工之间彼此猜疑等情况时,创业者不仅要加强自己与员工之间的交流和沟通,还要加强员工与员工之间的交流和沟通。创业者可以通过一些会议或互动游戏来加强自己与员工、员工与员工之间的交流。

（六）新创企业团队的分工合作

著名的贝尔宾团队角色理论提出:一个结构合理的团队应该由9种角色组成,每位团队成员必须清楚自其他人所扮演的角色,了解如何相互弥补不足,发挥彼此的优势。这9种角色如图5-3所示。

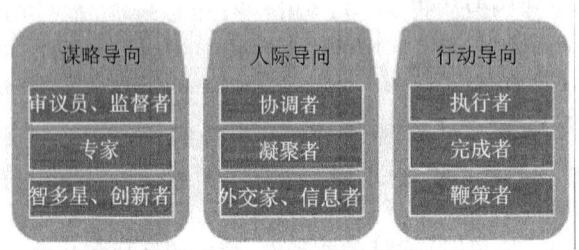

图5-3 创业团队中的角色

团队中各角色的特征和作用如表5-1所列。

表5-1 团队中各角色的特征和作用

类型	角色	特征	在团队中的作用
谋略导向	审议员、监督者	优点:理智谨慎,判断力和分辨力强,讲求实际 缺点:缺乏鼓动和激发的能力	分析问题和情景;对繁杂的材料予以简化,并澄清模糊不清的问题;对他人的判断和作用做出评价
	专家	优点:主动自觉、全情投入,能够提供不易掌握的专业知识和技能 缺点:贡献的范围有限,沉迷于个人兴趣	提供专业建议
	智多星、创新者	优点:思维活跃、想象丰富、知识面广、具有创新精神 缺点:高高在上、不重细节、不拘礼仪	提供建议;提出批评并有助于引出相反意见;对已经形成的行动方案提出新的看法
人际导向	协调者	优点:沉着、自信、客观,看待问题比较客观,拥有控制局面的能力 缺点:在智能及创造力方面稍逊一筹	协助明确团队目标和方向;帮助确定团队中各角色的分工、责任和工作界限
	凝聚者	优点:擅长人际交往,性格温和、敏感,具有较强的环境适应能力和团队凝聚能力 缺点:危急时刻优柔寡断	给予他人支持和帮助,解决团队中出现的问题
	外交家、信息者	优点:外向热情、好奇心强、消息灵通 缺点:兴趣转移快	提出建议,并引入外部信息

续表

类型	角色	特征	在团队中的作用
行动导向	执行者	优点：保守、务实可靠、勤奋 缺点：缺乏灵活性，对没有把握的主意不敢兴趣	将计划转换为实际步骤
	完成者	优点：勤奋有序、有紧迫感、理想主义 缺点：拘泥于细节、容易焦虑、不洒脱	强调任务的目标要求；查漏补缺，督促他人完成
	鞭策者	优点：思维敏捷、开朗、主动探索、有干劲、爱挑战 缺点：好激起争端、易冲动、急躁	寻找和发现方案，推动团队达成一致意见，并朝着决策行动

高效的创业团队需要团队成员之间做到职责清晰、分工明确、资源共享。一般来说，团队成员分工合作需要满足以下7个方面。

(1) 角色清晰。团队成员的角色安排要清晰，不能出现角色模糊、角色超载、角色冲突、角色错位、角色缺位等现象。

(2) 职责明确。明确团队成员的职责，避免因职责不明和混乱而降低团队效率。

(3) 坚持以人为本。团队成员角色职责制订要坚持以人为本的原则。创业团队中的领导者应根据每个成员的能力、特点和水平，予以最适合他们角色的工作岗位，使他们最大限度地施展才华。

(4) 平等。团队中的每一位成员都非常重要，不能只强调某一位成员，而忽视其他成员的作用。

(5) 立足现实。角色职责制订要立足现实，确保每个团队成员都能够明白团队对他们的期望值。

(6) 目标思想明确。要将团队的荣誉作为最高的目标思想，而不是强调个人英雄主义。

(7) 协调沟通。保证团队各角色成员之间的良好沟通，并进行上下级职务双向互动。

创业团队进行任何经营活动都必须遵守法律法规。例如：创业初期创业项目是否合法，是否允许经营；创业团队成员是否有劳动权利限制等。在创业初期，创业者应该了解相关的法律法规，以确保合法经营，避免违法，保障自己应有的合法权益。创业者需要了解的法律法规包括《中华人民共和国公司法》《中华人民共和国个人独资企业法》《中华人民共和国合伙企业法》《个体工商户条例》《中华人民共和国合同法》《中华人民共和国劳动法》《中华人民共和国反不正当竞争法》《中华人民共和国消费者权益保护法》等。

四、新创企业组织管理要点

(1) 目标管理明晰化。目标管理明晰化是指与新创企业的战略目标、市场定位、竞争战略等必须由原来的模糊状态逐步向清晰转化。通过目标的明晰化过程，将企业的整体目标逐级分解，转换为各部门、各成员的分目标。从整体目标到经营单位目标，再到部门目标，最后到个人目标，这些目标方向一致、环环相扣、相互配合，形成协调统一的目标体系。每个成员完成了自己的分目标，整个企业的总目标才有完成的可能。国际品牌网提醒企业家在进行目标管理时要严谨，新创企业最忌亲疏有别，任人唯亲。

(2) 组织结构规范化。新创企业成立阶段,组织结构往往也比较模糊,并且处于非正式状态,权责也难以明确,主要是创业者进行初步分工协调的过程。在成长阶段,新创企业要将组织结构逐步正式化和规范化,要根据创业阶段组织成员的分工协调情况,进行分析,总结经验;重新对工作任务的分工、协调合作进行规划和设计,明确各部门及成员的职能和职权,制定规范的规章制度,从而提高组织成员的工作效率。

(3) 运作标准化。创业阶段形成的业务模式,实际上也积累了产品或服务生产运作的经验,包括产品设计、生产流程设计等。在成长阶段,创业者应该依据经验制订生产运作中的一系列标准,从而提高企业的生产效率。对于生产型的新创企业来说,生产运作标准化的一个重要体现是机器设备的运用,因此成长的一个重要标志就是购置机器设备。

(4) 组织知识归核化。在创业阶段,对于创业者来说,环境分析、机会识别、资源整合、战略确定、计划制订及创业运营都是创新性活动。在这些创新性活动中,新创企业形成了独特的思考方式、机会识别能力、资源配置方式、核心竞争力等隐性知识及显性知识。在成长阶段,新创企业需要实现知识沉淀、共享、学习、应用和创新的思路方法,将这些知识转化为企业的核心竞争力,并以此为核心形成企业文化。

第六章 大学生创新创业实例

本章选择了部分大学生创新创业计划的实际案例,分享给读者,供他们参加比赛或者实际创业时作为参考。

第一节 "菁婴教育"创业策划方案

一、项目背景

时下年轻的家长,特别是身处社会中高层的白领家长,在孩子的学前教育和巨大的工作压力之间分身乏术。虽然类似于托儿所的一些学前教育机构早已存在,但其相对单一的功能和缺乏新意的培养模式显然已无法适应当今幼儿教育的需要。

"菁婴教育"特色幼儿教育机构,是针对0~6岁的幼儿经营特色幼儿学前教育和家长服务的一站式服务机构。设有lovelybaby俱乐部、宝宝智力大冲刺、精英baby课程三套特色课程。同时针对现在的家长现状,建立了家长俱乐部,为之提供美容SPA、健身、休闲社交区以及幼儿教育理财规划等服务。在课程体系的设置上,针对不同年龄阶段的特点,借鉴欧美成熟幼教体系的课程设置致力于宝宝的智力开发,让孩子在拥有快乐的同时得到全面、科学、专业的发展。而"菁婴教育"的特色在于,突出强调对幼儿从小进行中国传统文化的教育,举止文雅,从小拥有一颗感恩的心,让孩子从小就能养成良好的行为习惯和独立生存的必备能力。为此,举办了"感恩的心""国学体验""室外生存大战"三大精品活动,弥补了我国幼儿教育上的缺失。

在针对家长的外延服务上,校园内精心设计的休闲健身俱乐部能够为父母提供SPA服务以及瑜伽、现代舞、有氧搏击等健身服务。让校园不仅成为孩子的最爱,也成为父母休闲、交际的好去处。同时目标顾客对人际交往与人脉建设具有特殊的需求,建立广泛的人际网络对于他们格外重要。因此,提供一个高端人士交流的平台,满足目标顾客育儿经、生意经、财富经的经验沟通。成才和理财规划对现在的年轻父母也是很重要,所以同时引进育儿专家和理财人士,进行专业、个性化的服务。

二、项目简介

(一)菁婴教育简介

古话说:"三岁看大,七岁看老。"基础教育包括幼儿教育、小学教育、普通中等教育,而早期教育是最重要的基础教育。菁婴教育正是一家专注于幼儿教育的机构。菁婴教育以现代幼儿教育模式为依托,迎合父母希望孩子赢在起跑线上的心理,强调婴幼儿早期的智力开发、生存能力发展和道德修养的养成,拥有涵盖0~6岁婴幼儿完整学习体系。菁婴教育致力于为中国0~6岁幼儿家庭提供系统专业与高品质的早期教育服务——在借鉴美国等西方先进国家教育经验基础上,尤其强调中国古典文化的熏陶。菁婴教育结合中国宝宝发育的特点,集齐专家团队研发了本土化教育方案及婴幼儿发育测评系统,建立了属于菁婴教育的特色方案,更具有个性化与针对性,力求打造中国制造的精英宝宝。菁婴教育团队中的组织团队包括:宝宝天地、家长休闲区、中国传统文化窗口。为婴儿期的小宝贝与世界的交流提供环境,使父母成为宝贝与复杂的外界环境之间的桥梁,更为新手爸妈帮助宝贝建造"智慧大厦"打造了坚实的基础。为了打造代表中国人的精英宝贝,课程体系兼具了"专业性、系统性、进阶性和民族性"四大特点。将婴儿分为三个阶段,根据0~6岁婴幼儿身心发展特点和成长需要,开发出最适合中国宝宝的孕育、母婴、探索、启蒙、音乐、科学、数学、艺术、英语9大课程体系,帮助宝宝在专注力、语言、情绪、社会交往、音乐、美术等方面得到全面的提高;同时致力于大动作、精细动作、语言、认知、社会适应能力等5大能力,帮助宝宝成为新世纪的快乐精英宝贝。

"给孩子们一个现在,让他拥有更好的未来"是每个家长共同的信念,也是我们创立菁婴教育的目标。秉承全球视野,服务中国,打造精英宝贝的经营理念,将推动我们为中国婴幼儿教育服务品质注入源源不断的动力。

(二) Logo 介绍

幼教是孩子成长成才的第一步,我们的 Logo 选用了一只可爱的、稚嫩的小脚丫。中间用可爱的卡通字体印上了"菁婴教育"的名称。运用特色的中国红,富有传统文化的气息,整体给人亲切、可爱、充满韵味的感觉。这个 Logo 中流露出我们全体"菁婴"人对宝宝深切的爱与责任,我们希望宝宝人生的第一步像这只小脚丫的颜色一样,绚烂、夺目、精彩。我们也希望"菁婴教育"的品牌深深烙在每一个宝宝成长的过程中,烙在宝宝幼小心灵的深处,烙在宝宝成功人生的起点。

(三) 企业文化:核心价值观——责任和爱心

幼儿期是生命过程中一个独特的和有价值的重要阶段,最重要的责任就是为幼儿提供安全、健康、有价值的教育环境。我们致力于儿童的发展——通过尊重个性差异、帮助他们学会共同生活和工作,以及培养他们的自尊来支持他们的发展。

三、市场分析

"婴幼儿产业"被称为21世纪的朝阳产业。其中,婴幼儿教育市场所呈现的巨大商机也已经凸显无疑。依据我国第五次人口普查统计结果:中国0~6岁的婴幼儿达到1.4亿人,其中城镇0~6岁婴幼儿为5 200万人左右。并且,我国0~6岁学龄前儿童正以每年2 000万~3 000万人的速度增长。据调查显示,每个婴儿月平均用于教育的费用为150元,那么全国学前教育总的市场约为500亿元的市场空间。一项针对北京、上海、西安、成都、广州五城市的调查结果显示,这些城市儿童的月消费额已超过了39亿元。这一情况从儿童消费的绝对量方面证明了儿童消费市场的巨大。消费者调查机构公布:儿童消费在家庭总支出当中所占比例超33%的已占到家庭总数的90%,其份额已构成了家庭消费不可忽视的重要组成部分。而事实上,随着我国城镇居民生活消费水平的不断提高,家长在婴幼儿身上每月的投入远远不止于此。有关专家断言,在未来五六年中,我国婴幼儿教育市场消费额将达到上千亿的规模。面对如此美好的市场前景,各种各样的婴幼儿教育项目如雨后春笋般涌现,然而,目前众多婴幼儿教育项目存在办学特色不鲜明、没有自身课程体系、婴幼儿教育市场运作经验不足、优秀企业文化及办学模式缺乏等诸多弊病。

近几年来,婴幼儿早期教育受到世界范围的重视。联合国儿童基金会2001年《世界儿童状况》报告,首次以"早期儿童"为主题;2002年召开的联合国大会儿童特别会议,将早期儿童发展放在了突出的地位;许多发达国家已经把婴幼儿潜能开发教育作为在21世纪的第一竞争战略。我国国民经济发展"十五计划"中首次提出"要重视儿童早期教育事业";2001年9月,北京市颁布了全国首部《学前教育条例》,将北京人受教育的法定年龄,从3岁提前到0岁;2003年9月,《中华人民共和国民办教育促进法》颁布,该部法律的重要突破之一,就是确认对教育的投资可以得到合理的回报。北京幸福泉教育集团总裁程淮指出,婴幼儿教育不属于义务教育和学历教育的范畴。这样一来,定价上有着很大的空间。2004年4月《中华人民共和国民办教育促进法实施条例》颁布,该实施条例规定:民办学校对接受非学历教育的受教育者收取费用的项目和标准,只需报价格主管部门备案并公示,并不需要物价部门的审批,《民办教育促进法》的颁布,实质上表明了政府对吸引民间资本、运用市场经济手段促进教育发展的决心。这也为婴幼儿早期教育创造了一个良好的政策环境。

我国正处于快速发展的黄金时期,对人才的需求有增无减。随着科教兴国口号地喊出,对教育的重视程度与日俱增,随着《中华人民共和国未成年人保护法》《九十年代中国儿童发展规划纲要》《幼儿园工作规程》《全国幼儿教育事业"九五"发展目标实施意见》的发布,幼儿教育真正走上了以法治教、以法兴教的健康道路。

我国幼儿教育的目标是以下4个方面:

(1) 促进幼儿身体的正常发育和机能的协调发展,增强幼儿的体质,培养幼儿良好的生活习惯、卫生习惯和参加体育活动的兴趣。

(2) 发展幼儿的智力,培养幼儿正确运用感官和语言交往的基本能力,增进幼儿对环境的认识,培养幼儿有益的兴趣、求知的欲望、初步的动手能力。

(3) 萌发幼儿爱家乡、爱祖国、爱集体、爱劳动、爱科学的情感,培养幼儿诚实、自信、好问、友爱、勇敢、爱护公物、克服困难、讲礼貌、守纪律等良好的品德行为和习惯,以及活泼、开朗的性格。

(4) 培养幼儿初步的感受美、表现美的情感和能力。

就幼儿身心两方面的发展来说,我国更重视幼儿身体的成长;就幼儿体、智、德、美全面发展,我国更关注幼儿的美育;就幼儿能力的发展来论,我国重视培养幼儿的思维能力、语言表达能力和对环境的认识能力,并且我国更注重提高幼儿的动手能力和艺术表现能力。但是婴幼儿的心理健康、德育,以及提高幼儿的合作能力和创造能力却被忽视了——将幼儿教育的重心从智育转向个性的培养,是我们需要攻克的新的幼儿教育的难题。

早在1981年,中国教育部就制定了《幼儿园教育纲要》(试行草案),把幼儿教育的内容分为"生活卫生习惯""体育活动""思想品德""语言""常识""计算""音乐""美术"8个方面。由此可见,我国比较重视对幼儿进行健康、语言、音乐和美术教育。所以要重点提出的是,我国似乎更重视幼儿的思想品德教育、计算教育,而幼儿的人际关系教育和环境教育却被摆放在不起眼的位置,这为幼儿以后的生存和适应能力埋下了雷区。

幼儿教育的策略。中国强调要遵循幼儿身心发展的规律,因人施教;以教师指导、安排的有目的、有计划的幼儿教育活动为中心;以游戏为基本活动,通过组织体育活动、上课、观察、劳动、娱乐和日常生活等多种活动来对幼儿进行教育;在幼儿的一日活动中,注意动静交替、一贯性和灵活性相结合、集体活动与个别活动相结合。

这样的教育确实能教育出优秀的儿童,但某种程度上却忽略了幼儿的年龄特征和个性差异。通过环境来进行教育,以幼儿的自主活动为中心,对幼儿进行教育;通过游戏活动对幼儿进行综合指导;把长期计划和短期安排有机地结合起来;寓教于幼儿的一日活动之中,更能塑造一个优秀且有个性的幼儿。

幼儿教育的师资。我国幼教师资队伍基本上是女性一统天下,男教师占少数,不足教师总体的1%。他们的学历以中专为主,大专、本科为辅,幼儿教师在中等师范学校和高等师范院校接受过培训,学习的课程主要有《幼儿卫生学》《幼儿心理学》《幼儿教育学》《幼儿语言教学法》《幼儿科学教学法》《幼儿数学教学法》《幼儿音乐教学法》《幼儿体育教学法》《幼儿美术教学法》等。此外还要参加幼儿教育实践活动。幼儿教师通过自学、函授等形式来进行在职进修,以不断提高自己的学历和专业水平。其实,幼教师资队伍中男女两性性别比例合理调配才有利于幼儿身心的和谐发展,幼儿教师在职进修也可以从园内培训发展为园际间研修交流、假期培训班等多种形式。

四、完整的项目分析

菁婴教育是一家针对0～6岁的学龄前儿童和家长提供服务的教育机构。开创了"儿童＋家长"一体化的服务需求。在吸收借鉴国外先进教育方式的基础上,根据中国文化,将古代教育中的礼、义、仁等融入我们的教育体系之中,进行全面、专业、安全、民族特色的婴幼儿早期教育。针对家长,也为之提供美容SPA、健身、交流体验区,以及教育理财等服务,使之同时获得健康、人脉以及理财方面的收益。

（一）具体服务说明

0～6岁的儿童分为三阶段:分别是亲子期(0～1岁);探索和启蒙期(1～3岁);以及完整教学期(4～6岁)。为此开设了:lovelybaby俱乐部、宝宝智力大冲刺,以及精英宝贝三个课程阶段。

(1) lovelybaby俱乐部(0～1岁)

幼儿特点:此阶段幼儿的发展伴随着运动敏感期及语言敏感期,这一阶段的幼儿喜欢抓握、触摸,进入从翻身到爬行、站立到行走的过程,开始了独立探索世界之旅。

环境创设:随着婴儿运动能力发展,对于周围环境的探索欲望更加强烈,环境中的桌椅等可扶物必须稳而重;地面软硬适中,适于爬行和学步;幼儿触手可及物的材质安全、无隐患;同时,也为新生儿提供了循序渐进的感官引导,味觉(辅食添加)、听觉(音乐环境)、视觉(追踪视物)、触觉(手眼协调)、平衡觉等多感官环境,以促使感觉统合。

课程简介:母婴课程通过爬行、问好、膝上童谣、父母时间等为宝宝提供一个适宜的环境和刺激,学会与人交往的能力,培养观察力和初步解决问题的能力,激发宝宝的愉悦情绪,促进宝宝的动作协调发展;同时让家长学会尊重和观察宝宝,了解其心智发展的特点和规律,配合宝宝成长的需要,建立良好的依恋关系。

相关配备:提供宝宝和家长一起活动的场所以及玩具等用品;场地内配备相关的指导老师三名,提供辅导;定期举办专家讲座和父母育儿经验交流会。

盈利方式:针对这一年龄段宝宝,不收取任何费用,免费提供场地给孩子和家长。

(2) 宝宝智力大冲刺(1～3岁)

幼儿特点:此阶段的幼儿处于大运动、精细动作、体能飞速发展期。可以蹲下再站起,有跑的前期征兆,喜欢爬楼梯;主动配合穿衣、懂得再见、欢迎,出现自我意识,有强烈的自我意愿表达,如要、不要;对语言的理解和驾驭能力提升,能够叫简单的名字,能够对于亲近人发出的指令联想出相应的动作等;具备握笔涂鸦的能力。课程设计理论支持:大脑的健康发育需要安全、自由、富有教育意义的成长环境和适宜的教育经验。最佳的大脑发育依赖于良好的健康条件、抚养者正确的经验和适当的刺激。丰富多样的经历会构造婴儿大脑的结构;丰富的环境能充分利用孩子发育过程中的敏感期,有利于挖掘孩子的学习潜能,为孩子的健康成长打下坚实的基础;适宜、系统的教育经验能促进宝宝全面、均衡地发展。

环境创设:随着大运动、精细动作、体能的飞速发展,此阶段的儿童好奇心与探索能力成正比。由于其认知能力有待进一步提升,环境中易碎、尖锐物品的放置要安全,桌椅等可移动物品的重量需以儿童方便使用为准(儿童要按照自己的需求挪动桌椅,所以不能过重)。

同时,专门设置了日常生活区,通过丰富的日常操作学会照顾自己照顾环境,从而达成自我构建。此阶段的另一重要区域就是它提供了比 lovelvbaby 期更为丰富的感官体验,丰富的感官教具会给儿童带来更为丰富的感官刺激。

课程简介:启蒙课程通过教师教育启蒙,宝宝的自由操作,体操和游戏等活动,帮助宝宝学会并掌握基本的生活技能技巧,建立初步的秩序感和专注力,在大动作、精细动作、语言、认知、情绪和社会行为 6 大能力的全面提高,具备初步的观察问题和解决问题的能力,学会与人交往。启蒙课程的设置如表 6-1 所列。

表 6-1 启蒙课程的设置

空间感知	发展宝宝的手部精细动作,提高行走能力,学习听指令并能用表情、手势和简单的语言表达自己的情绪和愿望。让宝宝绘画,做简单的手工,玩填充玩具,由此增强宝宝的空间感
形状认知	通过拇指、中指、食指的熟练配合和初步控制,增强宝宝的形状认知,并通过亲子游戏来促进其语言和全身动作技能的发展
审美意识	孩子通过尝试用颜色、材料来表达内心的感受和观察的结果。以三原色为基础,训练孩子认识颜色的能力,区分各种颜色。通过各种手工训练孩子的精细动作,粘贴的动作,提高其涂、画、写的能力。通过食品创意等内容,训练孩子的想象力、创造力,培养和开发孩子艺术方面的兴趣和能力
数学逻辑	教会宝宝简单的计算、归纳、分类,让宝宝接触几何图形,在游戏中学习。注重实物体验,使用教具鼓励孩子体验具体的感官知觉(视觉、触觉、运动知觉、味觉、嗅觉和听觉)。探索大小、颜色、形状、质地等之间的关系。由分类、配对、排列顺序等一系列认知活动,孩子可以获得学习数学知识时所必须认知的某些概念的实际体验,如模式识别、排序和一一对应等。结合实际生活环境,由分解、部分到整体的结构性学习,自然地帮助孩子理解抽象的语言与空间概念,为数学与科学心智作最佳启蒙种子,更无形之中培养了孩子逻辑思考上分析、判断之精致度
音乐课程	以律动为主,训练宝宝的肢体协调性。通过学习不同文化的歌曲,感受不同的音乐风格、结构、调性、节奏、模式。通过乐器、基本声势学习,以及对古典乐曲的欣赏,充分体现了音乐教育的综合性
探索体验	让宝宝走到户外,亲近自然,了解自然知识,培养宝宝的探索精神;让宝宝练习平衡、协调能力,控制自己的力量,锻炼速度和身体韧性,从而达到让宝宝强身健体、增强抵抗力的目的

(3) 精婴 baby 课程(4~6 岁)

4~6 岁是孩子真正独立的开始,儿童在这个过程中,获得最珍贵的专注力、自信心、独立的能力、自我表达能力、选择的能力,当然园中的课程能够支持小孩进入下一阶段的拥有社会群体生活的小学生活阶段。为小孩从自我照顾到照顾环境奠定基础,使儿童的感受性更加敏捷、准确、精练。

课程简介:适宜的教育经验是系统的,应包括逻辑创造、语言、交往、艺术和动作等各个领域。宝宝需要全面均衡地发展,适宜的逻辑创造、语言、交往、艺术和动作等各个领域的经验有助于宝宝大脑的健康发育;科学的早期教育注重培养孩子良好的行为习惯、性格意志、交往能力,寓教于生活,寓教于游戏,寓教于交往,不以传授知识技能为目的。对于不同年龄的宝宝将选择不同的培养着力点。

4岁幼儿特点:4岁的宝宝探索方式丰富,欲望强烈;基本掌握了母语口语表达,也喜欢自己创造一些精彩词语,喜欢听故事,也能简单复述故事;开始寻找伙伴,注意力转移到周围年龄相仿的小朋友身上,并试着主动建立友谊,分享玩具等社交活动;初步建立抽象概念。

培养着力点:4岁的宝宝正处于探索和感知世界的第一步,首先他们需要接受中国传统的仁、德观念的熏陶,与仁、德观念并重的还有感恩教育。因此,仁、德、感恩将成为我们对4岁的宝宝培养的着力点。益智的课程设置如表6-2所列。

表6-2 益智的课程设置

逻辑创造	以益智游戏为主,如拼图、迷宫、种子画等项目,激发孩子的思维
语言	以拼音和汉字教学为主。以《三字经》《弟子规》等简单的国学经典为基础,在提高宝宝语言能力的同时,让宝宝充分接受传统的仁、德观念的熏陶,孝敬父母,尊敬长辈,常怀感恩之心
同伴交流	《弟子规》中有言:凡是人,皆须爱,天同覆,地同载。同伴交流课程,鼓励宝宝向同伴讲述发生在自己身上的有趣故事,分享自己的秘密和感受,在交流中感受同伴的珍贵,与合作的必要
艺术(以音乐课程为主)	以奥尔夫儿童音乐教育体系为核心,配以中国传统的听音乐培养孩子的音乐细胞和气质
动作	以游戏为主,配以一些中国传统的扎马步、武术等

5岁幼儿特点:5岁的宝宝已经能够熟练地表达自己的意愿,针对我国目前独生子女教育中存在的问题,溺爱、娇惯、独立生活能力差等现象,适当设置一些困难情境,培养幼儿不畏艰难、勇于探索的精神,增强他们面临挫折的心理承受能力。

培养着力点:日本幼教中的一些方式和机制值得学习。日本的幼教对宝宝的独立生存能力培养十分重视。例如,组织3岁的宝宝远足,鼓励宝宝独立上学减少家长陪同等。反观中国宝宝这方面的能力十分的欠缺,因此生存能力和独立意识将是我们对5岁宝宝培养的着力点。生存和独立意识课程设置如表6-3所列。

表6-3 生存和独立意识课程设置

语言课程	与个别指导相结合,充分融入活泼的中英文歌瑶、中外成长励志奋斗小故事,让每个孩子都能快乐地学习,并且对未来抱有憧憬、怀有梦想
情景课程	设置特殊情景,特别是困难情景的设置,让孩子进行角色扮演。培养他们在困难情境下的应变能力,对事情处置能力
户外课程	组织宝宝共同完成一项任务,以此来锻炼宝宝的独立能力、合作能力、沟通能力,如宝宝大探险、宝宝寻宝活动。培养宝宝的方向感与探索精神,同时也能增强宝宝的体质

续表

数学课	当孩子经过了我们前期感官教育多元化的配对、分类、序列、空间等抽象具体化联系后,建构了孩子逻辑思考的能力。这样的数学教育配合了孩子的身心发展历程,有系统地规划孩子学习数学的顺序,帮助孩子一步一步构建具体高抽象的数学量化概念,通过具体的探索活动对抽象概念有了认识,从而进一步理解基本的算数概念。进行算数教育时,先引入具体的量,其次是抽象符号(数字),最后才是符号与量的结合。通过用手指触摸数字的轮廓,孩子开始识别数字的形状及其名称。大量的串珠和符号(数字)卡片使孩子熟悉十进法的基本结构,包括加、减、乘、除运算的具体体验。凭我们的数学教具,在孩子掌握了具体的算术概念之后,能够用更抽象的概念如分数、几何和代数的基本原理进行算数练习和解决书面问题
艺术课程	欣赏中西方经典音乐,能够指认中西方乐器,辨别各种乐器所发出的声音,从而使宝宝增强自身音乐素养 教授简单的绘画知识,欣赏中西方名画,培养宝宝对于绘画的兴趣爱好,促使宝宝多才多艺
兴趣课程	包含舞蹈、围棋、武术等不同课程(此课程可由家长自由选择)

6岁幼儿特点:6岁的儿童好学好问好探究,抽象概括能力开始发展,初步理解事物的因果关系。可以也应该进行简单的科学教育,引导他们去发现事物间的各种内在联系,促进智力发展。他们也开始能够控制自己,做事也不再"随波逐流",显得比较有"主见",对人、对己、对事物开始有了相对稳定的态度和行为方式。

培养着力点:宝宝充满了想象力,然而传统的教育往往忽略了对宝宝想象力和创造力的重点开发。有时不恰当的教育方式甚至扼杀了宝宝的创造力,因此,创造和创新能力是我们对6岁宝宝培养的重点。创造和创新能力课程设置如表6-4所列。

表6-4 创造和创新能力课程设置

语言课程	双语教学(中文和英文),简单的汉字和单词,教学形态仍由团体、小组与个别指导相结合,鼓励宝宝发挥想象力,进行一些简单的造句和文字描写
手工课	带领宝宝进行手工制作,也可以进行一些简单的DIY创作。培养宝宝的动手能力、创造能力、创新能力
户外课程	组织宝宝共同完成一项任务,锻炼宝宝的独立能力、合作能力、沟通能力、创造能力。这个阶段的户外活动课程鼓励宝宝发挥主见,减少老师干预,让宝宝充分开动脑筋,完成任务
情景课程	鼓励宝宝发挥想象力,根据自己知道的童话故事,排演一些简单的小话剧、歌舞剧等
艺术课程	欣赏中西方经典音乐,对音乐特别感兴趣的宝宝要重点发掘他的天赋 教授简单的绘画知识,欣赏中西方名画,对绘画特别感兴趣的宝宝要重点发掘他的天赋
兴趣课程	包括舞蹈、围棋、武术等不同课程(此课程可由家长自由选择)

(二)延伸服务

1. 为家长提供一个健身休闲的场所

面对高压力的工作、超容量的工作负荷,身体健康变成了更多人的追求。我们引领健身风潮,享受SPA时尚,为行走在都市间的广大精英家长提供更有质量的生活方式。

绿色健身场馆,全方位加湿系统,随处可见的绿色植物,加强环境的净化和美化,营造清新自然的运动天地。欧美一流健身器材,专业的健身教练,与国际化接轨的个性化健身训练方法,一对一体适能测试;理想身材的减肥班,轻松快乐的运动舞蹈,开设瑜伽、有氧拉丁、健身球操、杠铃塑身、有氧搏击、踏板操、形体操、舞韵健身、芭蕾舞、现代舞、身体平衡等课程。让你在繁忙的都市生活中享受难得的闲适,并在陪伴孩子、等待孩子的过程中合理规划自己的时间。

2. 为家长提供一个经验沟通与情感交流的平台

目标顾客主要是年轻的白领父母,作为社会中的中高层,人际交往与人脉建设具有特殊的需求。建立广泛的人际网络对于他们格外重要。因此,提供这样一个高端人士交流的平台,满足目标顾客育儿经、生意经、财富经的经验沟通。希望这些家长们在这里不仅能够为自己的宝宝找到快乐,也能为自己积累更广泛的人脉,为自己的工作和事业提供帮助。

3. 提供为孩子的将来做好规划的团队

这个阶段的孩子对于自己的未来发展还处在一无所知的阶段,但是随着年龄的增长他们马上就会对自己的未来有初步的憧憬。作为家长,尽早对孩子的未来进行初步的规划,对孩子未来的发展做好财务规划都是十分必要的。然而矛盾在于很多年轻的家长缺乏这方面的意识,或者有些家长对于这样长达十余年的规划缺乏经验。首先"菁婴"联合了银行等一些金融机构,我们的 VIP 贵宾也将是我们合作银行的 VIP 贵宾,他们将为这些家长配一位专业的理财顾问;同时他们也会根据家庭的收入情况,以及家长的偏好提供一些风险适度、投资收益率较高的理财产品,确保孩子未来的发展有经济上的支持。我们还与专业的教育与留学机构合作,无论家长对宝宝的未来有什么设想(如留学、上名校、着力培养艺术等),我们都可以提供专业的规划与指导意见。

(三)品牌活动

1. 感恩的心——教育是为了教孩子学会"笑"和"感谢"

孩子生日前,预先与他的父母联系,借来孩子自出生以来的照片在班上展览,并请孩子的母亲写信谈谈孩子出生时的情况,让孩子了解生命的由来,懂得诞生与成长的艰辛、喜悦,并感恩于父母。每个月举行一次主题班会,集体给孩子们讲述关于感恩的小故事,并做一些活动指导,让孩子们将感恩落实到行动中去。

2. 儒家学派体验——使通文行武功,正其身以行直言谨思明

通过对国学经典的学习和实践,使学生对传统文化产生兴趣,体味中国传统文化之美,接受熏陶的同时开发潜质,逐步完善品格,树立有信心、爱心、积极的生活态度和理想,懂得为人处世的道理。以古礼教学,突出孝悌教育,以感恩父母,团结亲友,回报社会,成为仁义敦厚的事业继承人。在北京大学、国子监、孔庙等国学胜地,参照中国古代皇家教育模式,从严治教;趣味课程丰富,注重音乐、美术、体育综合培养,以使其成栋梁之材;游学、授课相结合,注重学以致用,培养面向未来的青年英杰人才。

3. 室外生存大作战——模仿日本幼教的成功经验,培养宝宝的独立能力和独立意识

将增加宝宝户外活动和户外课程的比重,对于年龄在 5～6 岁的宝宝,我们将定期组织他们去远足(确保安全的情况下),过程中创设一些困难情景(老师在背后监控宝宝的安全),鼓励宝宝用智慧和勇气去克服这些困难。对于年龄稍小一些的宝宝,主要是在学校通过一些情景课程,模仿在户外遇到的困难和恶劣环境,由老师教授如何去面对。当然宝宝也要在之后的课程中在无人提醒和帮助的情况下独立完成一遍。

4. 成长的印记——定期成果展示和成长纪念

老师会记录下宝宝在上课和活动中的点点滴滴,通过照片和视频的方式定期进行展示,并

邀请家长一同参加。让所有人见证宝宝的成长并分享其中的快乐。每年学期末或适逢节日，会组织孩子们排练一些小节目，并会邀请家长参与其中，与孩子共同合作，增加彼此默契，分享喜悦。我们与无锡校友会纪念品公司合作，专门为宝宝们定制具有特殊成长价值的纪念品，用特殊的实物记录成长的点滴，值得家长和孩子以后珍藏。

五、竞争分析

未来十年是早教行业发展的黄金期，婴幼儿早期教育行业被誉为"永远的朝阳行业"。从全球范围看，早期教育经济发展迅速，有关机构预计今后10年内，婴幼儿早期教育的经济收入将以7%的速度增长。在国内，早期教育应该是一个新兴行业，算作是朝阳产业。各个品牌之间存在一定的差异性是目前国内早教市场的一大特点。所以，国内的早教行业热仍在探索、摸索阶段，还并未成熟，未来5～10年时间，将是国内早教市场发展的黄金时期。中国婴幼儿早期教育是刚刚兴起的产业，可以开发的空间还很大。目前国内早期教育市场主要集中于经济比较发达的一二线城市，如北京、上海、南京、深圳等地。随着中国经济快速发展，早期教育将慢慢向一些沿海省份扩展。以南京早教市场为例，虽然不少早教机构的课程费用居高不下，但是仍然受到了不少家长的热捧。还有一部分家长选择了购买与早教机构同步的教材在家自己早教。那些被知名早教机构列为教材的早教用品一度卖到断货。

相比父母对于幼儿早教知识的一知半解，专业早教机构更能从专业的角度通过课程或者是早教产品辅助开发儿童早期潜能。这一点受到大多数"80后"父母的认同，尽管他们中的大多数认为早教收费存在暴利的可能，但90%以上的年轻父母仍然愿为孩子的早期教育"买单"。有需求就有市场，南京早教市场正迎来一波又一波的投资高潮。幼教市场主要的竞争对手如表6-5所列。

表6-5 幼教市场主要竞争对手

幼教机构	成立时间	规模、影响力	主要分布地	培养方式
新爱婴	2003年	分布于70个城市，拥有200家机构	全国	专业的"蒙台梭利"教育方法
亿婴天使	2005年	分布于80个城市，拥有150家机构	全国	"EBST—最佳开端"方法
南方贝贝	2002年	拥有近百家教学中心	全国	"PAP新思维亲自潜能"教学方式
创意宝贝	2005年	拥有90家加盟商	全国	"美术式思维"教育方式
金宝贝	1976年	拥有700家早教中心	全球40个国家	分阶段多层次教学

注：这些机构大多成立时间较晚，这也说明早教市场还处于新兴阶段和发展阶段。因此我们选择进入这个市场是合理的。

菁婴教育与其他竞争者的优劣势分析如表6-6所列。

表6-6 菁婴教育与其他竞争者优劣势分析

竞争者	优 势	不 足	我们提供的利益
新爱婴	教育与服务品质位居行业首位	对孩子行为规范和良好道德的培养的教育还不够突出，有些急功近利	我们注重孩子道德修养的养成，从小受传统文化的熏陶，并培养他们感恩的心

续表

竞争者	优势	不足	我们提供的利益
亿婴天使	有着良好的教学理念和课程体系,注重孩子自身能力的培养	专业不强,缺乏权威认证,管理制度不健全	以人为本,会员制管理,有正规专业的管理人员
创意宝贝	课程种类多样,双语课程是特色,注重孩子智力开发	知名度还不够,并且硬件设施一般,而且价格较为昂贵	提供高档的教育环境,会员制收费,并且有很多优惠
金宝贝	实力雄厚,有很强的经济支柱,并且市场广阔	太过于注重孩子智力开发,多采用西方教育模式	课程借用西方经验,突出中国传统文化力量,并且注重家长的需求

六、未来展望

(一) 注册公司,树立品牌

随着团队的发展壮大,从筹备开始半年内公司将注册"唐河清风栀子有限责任公司"并正式运营,在公司发展过程中,公司将不断扩展新领域,并始终将产品质量和顾客体验放在首要位置,为树立良好的公司形象和品牌打下坚实基础。

公司成立后,凭借产品的质量、特色、价格为优势,公司将在业界形成独有的特色,并拟定注册商标以扩大影响力。

(二) 寻求合作,扩大市场

公司未来的发展是进行产业链的整合,所以公司和有信誉的药店、花店、食品店等达成合作,以扩大公司的知名度,并与当地农户合作,发展"公司+农户"模式,随着经济发展,将开设3~5家食品专卖店形成小规模连锁。

(三) 坚持创新,寻求突破

创新是企业发展的原动力,创新研发投入与企业绩效呈正相关,并有着很大的影响力。在接下来的发展中,公司会不断创新,加大研发投入,在保证产品质量的同时挖掘出栀子更大的功效。

此外,公司的发展不仅与产品有关,还与公司的管理和销售有着必然的联系,因此,公司会在公司的运营模式和管理模式上进行创新。如聘请专业的中医药师,将栀子公司与其他药产品进行搭配,争取发掘出各药材的最大价值。在管理上公司采用轮岗制度,保证公司人员均衡发展,各员工得到最大锻炼。

第二节 微观世界创业计划书

一、项目背景

(1) 自然离城市生活越来越远。小时候很多小朋友都喜欢把植物花朵和蝴蝶小虫压进课本里,形成扁平的标本,可以说人人都有一本夹了标本的书。小时候,父母经常带着孩子去科技馆和青少年宫看蝴蝶展等各种自然科普展览。这些对现在的孩子来讲,是很少有过的体验。自然离在城市生活的孩子越来越远,自然也离曾经生活在乡村山清水秀环境里的现代中年人越来越远。抓住自然的精彩瞬间并留住美,是现代标本工艺品的目标,也是我们的目标。

（2）人们对文化艺术需求日益增加。中国共产党第十九次全国代表大会提出："中国特色社会主义进入新时代,我国社会主要矛盾已经转化为人民日益增长的美好生活需要和不平衡不充分的发展之间的矛盾。"社会在进步,人们的生活水平在不断提高,对美好生活的期盼和要求越来越高,审美能力与意识也越来越高,对艺术品的需求也大大增加。蝴蝶标本作为一个还未普及的工艺品,市场潜力很大。在机器化的大时代背景下,制作精良、富含审美情趣与艺术价值的手工制作显得越来越弥足珍贵。

我国蝴蝶产业市场发展空间巨大。有关资料显示,全世界约有1.5万种蝴蝶,我国已知2 153种,我国是世界上蝴蝶资源最多的国家之一。近年来,也吸引了不少海内外蝶商来华投资。

（3）蝴蝶羽化后交配不久就会死去,采集标本不会影响其繁殖。蝴蝶资源与其他动物资源不同,在开发利用方面有时效性。适当采集蝴蝶,开发野生资源,除对农业、林业起到一定保护作用外,还可为科研、收藏、观赏提供标本资料。专家建议,有关部门应鼓励和支持蝴蝶产业发展,在开发、利用、保护并举的前提下,合理利用蝴蝶资源,开辟国内蝴蝶市场,同时将我国蝴蝶产品推向全世界。

二、项目简介

（一）项目概述

微观世界是河南省目前唯一一家标本工艺品制作工作室,我们抓住蝴蝶等昆虫产品这一市场需求,结合建筑学专业的家装知识,创作、生产符合当代审美情趣的标本工艺品,并提供现场体验标本制作的教学课程。从开始创业到现在,不断开发新产品,融入新的设计元素,丰富产品种类和市场。目前已有立体玻璃罩蝴蝶工艺品、家装定制标本墙、翅膀手机壳和蝶翅首饰等产品。将标本艺术品做活、做好,扩大昆虫标本市场,让更多人接触并了解昆虫文化和手工艺品的魅力与价值。

本工作室的昆虫工艺品可作为室内装饰用品与收藏佳品,也可作为企业或部门领导走访慰问的纪念品、结婚送礼、生日庆祝的礼品,还可作为年轻人喜爱的标本饰品；在昆虫标本中添加创意与美好寓意,赋予更多的内涵。

（二）项目定位

项目产品定位：中高端昆虫标本、手工艺品；高端展览与活动策划。

目标客户定位：具有一定消费水平的青年人、有家装需求的顾客、昆虫标本收藏与艺术爱好者、有展览和活动需求的企事业单位。

（三）发展战略简述

作为河南省首家标本工艺品专卖店,我们占领了这个先机,期望与更多有品位的商家开展分销合作,共同开拓蝴蝶等昆虫资源相对贫乏的北方市场。

目前本公司已在商城、公园等公共活动场所做过市集售卖,承接企业活动,与高端饰品店开展分销合作；同时与其他机构开展首饰联合设计活动,举办手工制作等体验活动加大宣传与普及。2018年4月1日本公司于郑州大卫城开设店铺。在货源商方面,我们除了与国内几家知名原蝶原虫供货商开展固定合作外,也购置海外包括美洲、大洋洲与非洲等地货商的产品。

一年内,公司初具规模,能积累一定量的客户源,准备与科技馆、展览馆、青少年宫等开展合作,在各展馆举办大型蝴蝶展览,宣传昆虫文化；与商家建立稳定的供货关系,开展分销合作,在有固定收入和增加客户源的同时,积极尝试在各种领域拓宽市场。

三年内,在预计已有成熟的市场和持久的客户源的情况下,扩大公司规模,进行产品升级,占领更多的市场,在本行业具有一定市场地位。

未来,公司将加大设计和创意理念的开发,发掘更多更优秀的年轻设计师及标本工艺制作者,同时建立线上线下互补的产销渠道。加强品牌竞争力,加强企业文化建设,建立满足中青年消费者个性化诉求的一系列产业模式。

三、市场分析

(一)市场概况

根据调查,现在一些国家的蝴蝶产业发展很快,在日本有鳞翅协会这样专门的社会团体,一些发达国家对蝴蝶资源的开发利用也极为重视。蝴蝶爱好者之间像收集邮票一样互相交换、传递蝴蝶标本。据了解,全世界每年蝴蝶贸易额高达上亿美元。

目前我国从事昆虫研究的专家在蝴蝶养殖技术、标本制作技术和采集技术等方面均取得了一定的科研成果。专家建议,有关部门应鼓励和支持蝴蝶产业发展,在开发、利用、保护并举的前提下,合理利用蝴蝶资源,开辟国内蝴蝶市场,同时将我国蝴蝶产品推向全世界。

近年来,蝴蝶市场也吸引了许多海内外蝶商投资,联合国野生动物保护组织与云南省林业厅在西双版纳联合建立了我国第一座蝴蝶工艺加工厂。我国澳门客商与西南林业大学合作组建了生物工艺公司;新加坡商人在昆明、青岛建立了蝴蝶馆;我国香港客商在海南岛创建了海南旅游工艺品有限公司。但是目前在内地从事蝴蝶产业的企业极少,蝴蝶这一极具经济价值的昆虫还仅限于科普宣传、观赏或教学,虽然也有少数地区将蝴蝶标本制成工艺品出售,但多数档次较低,形成产业规模的很少。

(二)行业分析

1. 行业发展程度

目前国内尤其是北方的标本市场基本处于空白阶段,生产蝴蝶昆虫类标本产品的商家并不多,专门售卖蝴蝶昆虫的实体店不过几家,其中龙头蝶语标本依托于上海自然博物馆的支持发展最为迅速。

通过对市场调研,笔者了解到国内除了几家大公司外,其他小商家的制作技艺参差不齐,多以标本实体店、艺术工作室以及网店的形式存在。除了制作蝴蝶标本,一些手工匠人将蝴蝶翅膀做成首饰如项链等,这增加了技术难度,能够掌握这门技术的人很少。

在2018年4月20日大卫城举办的一个蝴蝶展上,展示出来的标本都是十年前制作出来的,营造出一种乡村风情,效果并不好,这说明现在的标本市场出现了断代期,产品没有转型,标本的制作工艺与装饰品位还停留在十年前,急需创新和改进。

2. 未来发展趋势

社会在进步,人们的生活水平在不断提高,对美好生活的期盼和要求以及审美能力和意识也越来越高,对艺术品的需求必将大大增加。蝴蝶标本作为一个还未普及的工艺品,市场潜力很大,可行度很高。

在买房热潮一波又一波之后,即将迎来装修热潮,人们在装修墙面时,除了画作、相片,标本也是高端家装的优质选择,因此作为建筑学专业学生,我们期望与有品位的家装设计公司展开深入合作,发挥我们作为建筑学专业学生的优势。

对于蝴蝶标本市场出现的断代期,需要创新,跟上时代的发展,这恰恰也是建筑学专业学生的强项。因此在接下来的时间里我们将承接展览活动,与科技馆、展览馆、青少年宫等开展合作也是我们发展的主要方向。

未来工艺品市场将不仅仅是卖产品更是卖设计、卖概念、卖品牌,而品牌体现的生活品位将成为消费者考量的一个重要标准。我们必须从设计理念、企业管理、售后服务上下功夫,才能在这个行业站稳脚跟。未来公司也将加大设计和创意理念的开发,发掘更多、更优秀的年轻设计师及标本工艺制作者,同时建立线上线下互补的产销渠道。既加强品牌竞争力,又加强企业文化建设,建立满足中青年消费者个性化诉求的一系列产业模式。

四、竞争分析

(一) 同类产品概述

标本实体店:专门售卖蝴蝶甚至其他昆虫标本的昆虫标本专卖店,国内也有几家,但目前国内没有实体店把生意做大。

艺术工作室:由于数量不多或者刚开始经营,影响力不足,部分标本经营者会与艺术工作室合作,让自己的标本集中于工作室内的一个专区。规模比标本店小,但顾客的类型可能会比较多。

网店:网络购物兴起,蝴蝶标本市场中自然也存在网店。网店在网上售卖产品,通过快递将产品寄给客户。

景区售卖的标本:各地景区的小商铺内通常都会有各种各样奇特的商品,有些标本售卖商会借助这个途径售卖标本产品。

(二) 项目SWOT分析

1. 优　势

(1) 目前郑州甚至全国的这片市场还是空白,竞争压力小。

(2) 蝴蝶色彩鲜艳,大型蝴蝶更是引人注意,容易吸引对装饰品的需求量较大,同时也不太在意价格的中高收入人群。

(3) 前期投资不是很大,适合大学生创业。我们在学校里学到了很多理论性知识,对于蝴蝶等昆虫的标本制作和研究,也已有三年的时间,技术、理论已比较成熟,已初步具备产业和系统运营的能力。

(4) 有创新精神,能够较快地接受新的观念知不断提升自己和更新产品,有对传统观念和传统行业挑战的信心和热情;而这种创新精神,也往往成为大学生创业的动力源泉,成为大学生成功创业的精神基础。

2. 劣　势

(1) 新兴公司知名度比较低,企业还没有形成一定的规模。蝴蝶标本行业在郑州还没有发展壮大,产品的知名度不足。

(2) 资金有限,开发市场还需要进一步的人力与物力投入。

(3) 进入市场比较晚。

3. 机　遇

根据问卷调查和沿街访问的形式了解到,有人会专门收集各种蝴蝶,制成标本,用于收藏和研究,更多的人买蝴蝶标本是因为美观,目前蝴蝶标本市场才刚刚起步,未来具有很大的发展潜能。

市场刚刚起步和显现,未来有很多种可能。

天津有一个类似产品的生产基地,虽然目前发展已停滞,但有复兴的趋势。

我们已在云南找到制作蝴蝶首饰的合伙人,未来发展空间很大。

4. 威　胁

(1) 行业竞争者迅速成长,竞争日益激烈。

(2) 潜在进入者和潜在替代者长期存在。

(3) 蝴蝶标本行业在郑州还没有发展壮大,产品的知名度不足。

(三) 产品设计理念

微观世界作为河南省目前唯一一家标本工艺品制作工作室,我们抓住这一市场需求,结合建筑学专业的家装知识,创作、生产符合当代审美情趣的标本工艺品,并提供现场体验标本制作的教学课程;不断开发新产品,从框装挂件到立体摆件再到首饰,将标本艺术品做活、做好。

标本工艺产品,做到简约大方,符合当代审美情趣,满足家装需求,追求品质和视觉效果。

展览方面,注重科普教学,寓教于乐,在满足专业、科学要求的前提下做到趣味丰富、讲解生动,抓住客户的目光。

活动方面,要灵活多变,能够根据客户需求量身定制不同的活动,要能够体现建筑学专业学生的专业素养。放飞蝴蝶等暖场活动,要有深度,能够与活动主题深度结合,并且能对我们的蝴蝶标本起到宣传作用。

(四) 产品种类介绍

各类框装产品:采用最简洁、最基础、最为人熟知的标本类型。一般会像装饰画一样被挂在墙上作为装饰。制作方法和流程相比其他类型产品也较简单。

立体玻璃罩蝴蝶工艺品:与框装类产品相比较为立体,内部构造也复杂多样,不再是简单地将蝴蝶钉在平面上,还可以做出另外一些样式。该产品可作为与水晶球类似的装饰品。

翅膀滴胶手机壳:采用滴胶工艺制成的手机壳,与普通滴胶手机壳的形式类似,但上面的装饰是蝴蝶或其他昆虫的翅膀。因为昆虫翅膀较为脆弱,所以工序和使用材料与普通滴胶手机壳不完全相同。

家装定制标本墙:为家庭装修专门定制的标本墙,不是单个的标本框,也不是随意排列的标本,而是经过设计组合而成的标本墙。

昆虫翅膀首饰:以昆虫翅膀作为主要原材料制作的挂坠、耳环、银饰等,外观靓丽,并且属于新兴产品,容易获得女性的喜爱。

机械甲虫:将普通甲虫打开,把精心组合过的齿轮等放入制成的新型标本工艺品中,可放入玻璃罩,也可用于其他装饰用途。

各类活动:放飞蝴蝶、蝴蝶标本展、蝴蝶科普介绍等相关活动,都可以让客户更加了解我们的产品,吸引客户的注意,能够为客户提供的服务更加全面。

五、项目 STP 分析

STP 分析即市场细分(Segmenting)、选择目标市场(Targeting)和产品定位(Positioning) STP 法则是整个营销建设的基础,STP 法则对各自的市场进行分析,并选择自己的目标市场,传达各自不同的定位。

（一）市场细分

根据当前蝴蝶标本手工艺市场的结构发展趋势,越来越多的消费者开始在物质消费层面上提高档次,人们逐渐开始在艺术美上有更高的追求,更愿意在此投入更多的资金,来满足其精神上的追求。在这种情况下,蝴蝶标本手工艺品逐渐成为大家追捧的对象。因此产生了较大的盈利空间,受丰厚的利润吸引,竞争会越来越激烈。为确保本项目在郑州市场的主导地位,我们需要进行市场细分。根据目前的市场现状,我们将之归为四个方向具体阐述。

1. 消费人群

根据地理区域细分,我们将消费人群分为本地消费者、外出旅游者和外地批发者。

本地消费者:本项目在初期主抓本地消费人群,产品在制作工艺以及产品运输上的问题,使得在短期内不能承担长途运输的风险,同时郑州市本地巨大的市场空缺,也是我们打开市场缺口的首要方法。因此,短期内主抓具有稳固客源的本地消费者。

外出旅游者:本项目在郑州大卫城的实体店铺成为手工实体店铺的核心,也是项目的实体表现。由于店铺位置位于郑州城市的中心,而郑州火车站是全国铁路的核心枢纽,因此此地会聚集大量的外地旅客,大量的消费人群将会为本项目向更高更远的方向发展提供契机,也是我们后期扩充消费客源以及占领郑州市场乃至全国市场的重要策略。

外地批发者:由于手工业的性质在于其技艺的精巧以及每一件成品的独一性,因此对成品的运输要求也会提高很多,当前的快递运输等各种运输方式,还不能将运输风险降低到可接受程度,在外地批发者方面并不做过多的开发。通过各个方面的分析,我们确定在产品销售方面近期以本地消费者为主,远期将会打开外地市场。

2. 产品用途

根据我们当前主要推出的产品,我们将其分为三类:第一是佩戴饰品,我们近期将要开发以蝴蝶翅膀为原材料的手链、耳环以及项链等佩戴饰品。第二是观赏类工艺品,这一类是我们当前的重点,在相当一段时间的经营中已经拥有一些主打产品。第三是装饰品,作为家居装饰、营业场所装修自用,以及在一些策划展览中辅助营销。

3. 购买方式

目前,消费者购买该工艺品的主要方式有:批发市场购买、网上购买、零售店购买等,其中主要是网上购买以及零售店购买。

4. 收入阶层

消费群体收入阶层定位为中高收入阶层,以高收入阶层为主。在近期的消费人群定位中,我们将以具有较高消费层次的客户作为主要客源,并以稳固的回头客为核心,在相对较低的消费层级中,我们将会对大学生、年轻情侣等客户设计相应的产品,从而拓宽消费者的层级。

根据需要,我们将上述细分变量作为依据,对市场进行细分,如表6-7所列为市场细分的过程。

表6-7 市场细分的过程

消费人群	产品用途	购买方式	收入阶层
外出旅游者	家装、策展	批发	高
本地消费者	营业场所装饰	网络	中
外地批发者	礼品、自用	零售店	低

（二）选择目标市场

基于本产品销售量、利润率的数据，本项目可以选择集中营销为主要的市场选择策略，在目标市场选择过程中，主要有三种选择策略：单一细分的市场战略、多细分市场战略、完全市场覆盖战略。前期我们选择单一细分的市场战略，降低营销成本，并加快资金流转，同时在特定的市场上提高产品的知名度，在短期内提高产品竞争力。在中后期可根据前期的资源积累快速地扩大市场范围。

（三）产品定位

1. 产品定位的策略选择

针对本项目的现状以及工艺品的特点，我们选择避强定位。我们的首要任务是开发市场，当前该领域在郑州正处于市场空缺期，在产品竞争上处在一定的优势地位，我们当前处在相对较为垄断的地位；我们应在中高端市场上发挥工艺水平、装饰价值、稀有程度等方面的优势，迅速占领郑州以及周边省市的市场，快速树立品牌形象。

2. 进行产品定位

根据以上分析，我们以潜在消费者的消费行为、项目资源能力和竞争环境为依据，在完成上述分析以后进行产品定位，根据市场定位的战略指引，通过十字定位法进行市场定位。

在郑州工艺品市场，本项目定位为高端手工艺品，即高质量、高价格、高性能、高品质。高质量：工艺原料优质、工艺先进、工艺品水平高。高价格：相对于市场平均价格，本项目产品属高价格工艺品市场行列。高性能：特色鲜明，适合策划展等。高品质：售后服务热情，服务周到，产品售后有保障。

综合以上分析，本公司根据产品用途、购买方式以及收入阶层的细分变量，对本项目在郑州本地市场进行了细分，根据对市场的分析选择了中高端市场作为目标市场，最后将本项目定位为高端手工艺品。

六、营销策略

我们制订了一系列更为具体的营销策略，以支持本公司在管理与营销方向的持续改进。

（一）产品策略

根据对市场的深度分析，我们对产品提出了更高的要求，以力求满足各个阶层消费者的需求。我们将产品分为：核心产品、形式产品、延伸产品。

核心产品：满足消费者的本质需求和核心内容。我们的核心产品主要考虑标本原材料的选择、主要风格的定位。在工艺上充分考虑消费者使用与装饰的需求，产品原料大部分以进口和从云南等省份引进为主，性价比高，风格多样，产品质量高。

形式产品：在产品的包装上我们也力求达到还原美观、再造巅峰的情景，让蝴蝶在装饰与衬托中更加精美。同时，我们也考虑到消费者运输与摆放的方便、安全，在包装的技术上有了极大的提升，并保证了产品的安全存放，采取防震等安全措施，以便于短程携带和运输。

延伸产品：工艺品的咨询、保养、售后服务、物流配送等。

我们力求为消费者提供在产品与售后方面最优质的服务，确保消费者的心理稳定作用，同时建立品牌与口碑效应。此外在开发新的工艺以及新产品的表现形式上，我们也在不断创新，从而提升本公司的长期竞争力。通过考察，我们计划以对产品的新诠释为主，在表现形式上向可携带式的首饰方向发展。

(二) 品牌策略

在市场竞争日益激烈的时代,公司要通过品牌策略形成稳定而持久的市场竞争力。因此,由本公司设计部负责进行公司标志(Logo)设计、公司官方媒体设计,以提高公司的知名度,使产品有一定识别度和影响力。

本公司始终坚持以顾客需求为导向的 4C(Customer 顾客、Cost 成本、Convenience 便利、Communication 沟通)营销理念:满足用户需求比卖产品更重要,理解顾客的意愿比定价更重要,为顾客提供便利比自己便利更重要,与顾客沟通的顺畅比销售的顺畅更重要。真正做好品牌营销,实现企业的持续成长需要长期的投入,本公司将从以下几个方面进行品牌建设。

保证服务和产品整个体系的高质量,始终为用户提供"高效、实用、人性化"的服务。

不断推进和优化品牌形象,"微观世界"将相关产品和服务的信息在新兴媒体上发布,参加与企业经营项目相关的公益展览活动、媒体活动等,借助媒体的强大力量来为本公司品牌形象做代言。

服务的升级,我们会在完善和优化已有服务体系的基础上,拓宽我们的服务范围,真正地把品牌做大、做强。

品牌建设是每一个公司营销战略中的重点,同时以完整的营销体系为依托,贯穿公司整个营销流程。

(三) 促销策略

随着互联网技术和电子商务的应用与发展,网络营销成为重要的技术方式。根据本公司的特点,我们制订了以下 3 种促销方式。

1. 广告宣传

本公司将采取以下两种方式进行广告宣传。

(1) 和其他广告商家合作宣传。

(2) 在展会或商场内展览宣传。

2. 网络宣传

(1) 在官方微信、微博等进行宣传。

(2) 制作官方网站,在官方网站上发布各种信息。

3. 公关宣传

通过有效的公关活动,获得消费者的注意和青睐;与客户建立正常融洽的双向沟通联系,吸引和稳定广大的产品消费群体;采取提供优质服务、公益赞助和媒体宣传等多项公关措施,提升产品质量和塑造企业的良好形象等。

(四) 定价策略

基于已有的产品导向定价法,我们对产品的定价做出预估,并针对学生量身定制了一套限量版产品。根据所投入的资本以及耗材等明细,我们确定了针对不同消费层次的人群的定价方案。

1. 手工艺品定价

(1) 按照成本价加手工费用综合计算。

(2) 数量还在不停增加中,已投入资金 10 000 多元。

(3) 大卫城店铺的装修,已花费 15 000 多元。

(4) 购置制作与存储设备,花费 3 000 元。

(5) 购置相关工具书,花费 2 000 元。

(6) 购买原蝶原虫,花费 10 000 多元。

(7) 购置木料、金属、玻璃等材料,花费 5 000 多元。

2. 策展定价

按照策展规模,我们制定了几套策展方案。

小规模策展(5 000 元/次):策展数量在 50 只以下,策展品种相对较为单一,品向中等偏下。适合经济预算不大的方案,效果相对较差。

小而精策展(8 000 元/次):在小规模策展的前提下,推出最为稀有的以及最为惊艳的工艺品,数量在 50 只以下,效果较好,适合经济预算较为宽裕、地域狭小、人流较大的方案。

大范围全面策展(15 000 元/次):策展数量在 100 只以上,主要以科普、产品推销为主,该策展主要适合校园等科普场地。

大范围高端策展(30 000 元/次):策展数量、精细度都将大大提高,将会有较为惊艳的效果,人流吸引程度也相对较高。预算相对较高,适合企业吸引客户的方案。

3. 家居装饰定价

结合专业优势,按照装饰墙面面积以及蝶翅成本预算定价。

定价策略:家装面积×100(设计费)+产品成本+装饰材料成本+维护成本=定价。

(五) 渠道策略

本公司在营销渠道上实行以直销为主的方式,并对子分销商采取特许代理的方式,根据本公司产品的特点,在营销渠道上我们分为以下 4 大类。

(1) 大型家居市场。家居市场是消费者选择家具及家居装饰的主要场所。这里的产品及品牌种类多、空间比较大,是装饰产品主要销售渠道。郑州市中心交通枢纽是外地游客流量较大的地方,也是提高工艺品知名度的一个窗口。

(2) 批发市场。批发市场是集零售与批发于一体的独特的营销渠道。但由于本产品属于手工艺品,不能量产,因此以高质量为主要价值导向,批发市场作为主要渠道。

(3) 会议营销。中小企业打开市场,不容易引起竞争对手的注意。本公司工艺品质量优、价值高,根据个人需求可以重复购买,符合会议营销对产品的要求,会议营销费用较低。因此,本公司将通过营销管理人员的社会关系,做好信息挖掘工作,进行会议营销。

(4) 网上营销。通过开网店以及网络公众号的运营,吸引标本爱好者,培养潜在客户群体。

(六) 服务体系

本公司始终坚持优质服务体系的构建。优质的服务是品牌经济的产物,在服务体系中,服务往往相当重要。优质的服务是吸引消费者、提升消费者满意度和忠诚度的主要方式,是树立企业口碑和传播企业形象的重要途径。因此,我们将为客户提供良好优质的服务作为企业长远发展的根本。

1. 服务人员素质

在服务体系建设方面,本公司致力于打造专业化、标准化的服务体系。本公司的服务人员应当具备以下 5 个方面良好的心理素质。

(1) 工作积极、充满热情。

(2) 态度诚恳、谦虚有礼。

(3) 宽容为怀、处变不惊。
(4) 诚实可信、懂得分寸。
(5) 适应挫折、控制情绪。

同时,服务人员应具备以下良好的专业素质。
(1) 良好的沟通和互动能力。
(2) 敏锐的观察能力和独立的判断能力。
(3) 团队合作的精神。

2. 服务宗旨
(1) 全心全意为客户服务。
(2) 从客户满意到客户信任。
(3) 注重服务差异化。

3. 服务质量提升策略

服务质量提升可以通过完善线下销售和服务与优化服务体系实现,要提升顾客的忠诚度,获得企业长远发展,占领更大市场;保证服务品质是根本,我们会随时根据客户需求,不断提高设计能力和设计水平,及时做好市场调研和客户反馈。

七、风险分析及应对策略

(一) 资格证获取难度

我们所销售的蝴蝶种类很丰富,但众多蝶类中有五类蝴蝶:金斑喙凤蝶、双尾褐凤蝶、三尾褐凤蝶、中华虎凤蝶、阿波罗绢蝶为国家级保护动物,在没有国家林业和草原局颁发的许可证、野生动物及其产品经营许可证的情况下,销售以上所述蝶类是违法行为。这虽然在一定程度上限制了我们的销售种类,但在全国只有一家蝶类标本店获得了上述证书,对于河南市场的销售影响较小。

在项目发展的中期阶段,随着市场的不断打开、销售额的增长及所需设备的不断完善,我们会努力申请所需证书,完善自己的业务范围。

(二) 运输风险

产品在运输过程中,由于玻璃罩和标本本身的易碎性,产品有破损风险,销售成本增大。

针对该问题,在物流方面,我们会与具有较高安全与质量保证的顺丰快递合作,购买运费险和易碎险;在工艺制作方面,加强产品固定工艺;在外包装方面,使用具有减震效果的包装材料,减少因运输风险造成的产品成本的增加。

(三) 同行业竞争风险

虽然在数十年前,市场上就已经出现售卖并展示蝶类标本的商家,但其现在的发展前景并不理想。一方面是因为蝶类标本成本高,产品更新换代速度慢;另一方面是该类产品保养维护费用较高,由于保养不当,许多标本已经毁损。上述原因都造成了蝶类市场的空缺。但随着人们对于高档工艺品需求的日益强烈,越来越多的人更青睐于标本产品。因此,同行业竞争风险会增强。

我们会不断提高技术与工艺,设计出市场所需的产品,努力开拓河南及周边省份市场,抢占市场份额,形成较高的市场进入壁垒。

（四）对产品的后期保养维护

蝶类标本会随着时间的推移逐渐褪色甚至毁损。因此，产品的后期保养与维护就变得越发重要。但该技术工作较为复杂，并且需要具有该项技术能力的工人和专用设备。

该问题是一把"双刃剑"：一方面，我们拥有这项工艺与专用设备，这可以成为我们的一项收入来源；另一方面，保养过程中也会出现因保养技术不当所造成的标本毁损问题。

参考文献

[1] [美]梅丽莎·A·希林.技术创新的战略管理[M],王毅、谢伟、段勇倩等译.4版.北京:清华大学出版社,2015.

[2] 柳卸林.技术创新经济学[M].2版.北京:清华大学出版社,2014.

[3] [英]克里斯·弗里曼.工业创新经济学[M].华宏勋,译.北京:北京大学出版社,2004.

[4] [英]约翰·贝赞特,乔·蒂德.创新与创业管理[M].牛芳,池军,田新,译.3版.北京:机械工业出版社,2013.

[5] [美]唐纳德 F·库拉特科,迈克尔 H·莫里斯,杰弗里 G.科温.公司创新与创业[M].李波,曹亮,邓汉慧,译.第3版.北京:机械工业出版社,2013.

[6] 安宁.困境与突破——工科大学创业教育模式再造研究[M].北京:科学出版社,2017.

[7] 科技部火炬高技术产业开发中心,北京市长城企业战略研究所.中国增长极:高新区产业组织创新[M].北京:清华大学出版社,2007.

[8] [美]阿玛尔·毕海德.新企业的起源与演进[M].魏如山,马志英,译.北京:中国人民大学出版社,2018.

[9] 张玉利,陈寒松,李华晶.创业管理[M].4版.北京:机械工业出版社,2016.

[10] 柯涛,林葵.知识产权管理[M].北京:高等教育出版社,2004.

[11] 王涛,顾新.创新与创业管理[M].北京:清华大学出版社,2017.

[12] [美]布鲁斯 R.巴林杰.创业管理:成功创建新企业[M].杨俊,薛红志等译.5版.北京:机械工业出版社,2017.

[13] [美]琼·玛格丽塔,斯通.什么是管理[M].王建民,译.北京:中国青年出版社,2003.

[14] [瑞士]亚历山大·奥斯特瓦德,伊夫·皮尼厄.商业模式新生代[M].王帅,毛心宇,严威,译.北京:机械工业出版社,2011.

[15] 曹裕,陈劲.创新思维与创新管理[M].北京:清华大学出版社,2017.

[16] [美]杰弗里·蒂蒙斯,小斯蒂芬·斯皮内利.创业学案例[M].周伟民,吕长春,译.北京:人民邮电出版社,2005.

[17] 郎宏文,安宁,郝婷.创业管理——理论、方法与案例[M].北京:中国邮电出版社,2016.

[18] [美]布鲁斯 R.巴林杰.创业计划:从创意到执行方案[M].陈忠卫,译.北京:机械工业出版社,2010.

[19] 张振刚."挑战杯"中国大学生创业计划竞赛指南[M].广州:华南理工大学出版社,2012.

[20] 薛永基.大学生创新创业教程[M].北京:北京理工大学出版社,2000.

[21] 吴晓波.腾讯传 1998—2016 年中国互联网公司进化论[M].杭州:浙江大学出版社,2017.

[22] 由曦.蚂蚁金服:科技金融独角兽的崛起[M].北京:中信出版社,2020.

[23] 河南省高校就业指导统编教材编写组.大学生职业发展与就业指导[M].郑州:河南大学出版社,2016.

[24] 吴晓兵,康桂英,蒋敏蓉.大学生科研创新与信息素养[M].北京:北京理工大学出版社,2013.
[25] 李乾文,何平,肖久灵.大学生"三创"案例策划与评述[M].北京:经济科学出版社,2014.
[26] 范宝成,罗鹏.大学生课外科技创新参赛指南[M].北京:冶金工业出版社,2014.
[27] [日]神田昌典.餐巾纸上的创业课[M].蔡昭仪,译.重庆:重庆出版社,2013.
[28] [美]Ash Maurya.精益创业实战[M].张琳.2版.北京:人民邮电出版社,2013.
[29] 桂曙光.创业之初你不可不知的融资知识:寻找风险投资全揭秘[M].北京:机械工业出版社,2010.
[30] [美]彼得·F·德鲁克.创新与创业精神[M].张炜,译.上海:上海人民出版社,2002.
[31] 付遥.创业时代[M].北京:中信出版社,2015.
[32] 李爱卿,叶华,吴璇华等.大学生创业基础[M].北京:清华大学出版社,2015.
[33] 侯慧君,林光彬.中国大学生创业教育蓝皮书[M].北京:经济科学出版社,2011.
[34] 蒋云飞.赢在创业[M].北京:机械工业出版社,2009.
[35] 王达林.创业天下[M].北京:清华大学出版社,2009.
[36] 万炜,朱国讳.创业案例集锦[M].北京:中国人民大学出版社,2013.
[37] 李华强.创业的革命[M].长沙:湖南人民出版社,2010.
[38] 吴运迪.大学生创业指导[M].北京:清华大学出版社,2012.
[39] 葛玉辉,李肖鸣,申舒萌.大学生创业测评[M].北京:清华大学出版社,2010.
[40] 张小强.今天,你创业了吗[M].北京:清华大学出版社,2010.
[41] 张玉利,薛红志,陈寒松.创业管理[M].4版.北京:机械工业出版社,2020.
[42] 杨华东.中国青年创业案例精选(第2辑)[M].北京:清华大学出版社,2012.
[43] 李军.经营一个企业[M].北京:机械工业出版社,2005.
[44] 韩雪,周颂.大学生创业宝典[M].北京:中国金融出版社,2013.
[45] 李娟.科技创业[M].武汉:华中科技大学出版社,2011.
[46] 姜博仁.创业成功的秘诀[M].北京:当代中国出版社,2009.
[47] 许庆瑞.全面创新管理——理论与实践[M].北京:科学出版社,2007.
[48] 张汝山,张林.大学生创业案例解析[M].南京:南京大学出版社,2013.
[49] 孙陶然.创业36条军规[M].北京:中信出版社,2015.
[50] 丁栋虹.企业家精神:全球价值的道商解析[M].上海:复旦大学出版社,2015.
[51] 丁栋虹.创业学[M].上海:复旦大学出版社,2014.
[52] 杜海东.创业启动与运营(知识手册)[M].北京:清华大学出版社,2009.
[53] 储盈.创业兵团储蓄[M].北京:中华工商联合出版社,2012.
[54] 蔡啟明,刘益平.创业管理[M].北京:科学出版社,2020.
[55] 李肖鸣,朱建新.大学生创业基础[M].2版.北京:清华大学出版社,2013.
[56] 何际民.企业生存和发展的几个重要因素[J].邮电经济.2014(1):46-49.
[57] 胡敏,陈立俊.基于SWOT分析的大学生创业现状及创业教育对策研究[J].教育探索.2008(11):130-131.
[58] 李辉.内涵发展视界下的大学生创新创业教育路向[J].高教探索.2013(4):133-136.
[59] 刘梦格."大众创业,万众创新"背景下,大学生创新创业教育的研究[J].科技、经济、市场.2016(5):241-242.